이거,
나만 궁금해?

그냥 쓰던 말들이 새롭게 들리는 경험

이거, 나만 궁금해?

김순옥 지음

시작하는 글

어릴 때 나는 콩밥이 싫었다. 밥이랑 다른 식감을 가진, 콩을 씹는 느낌이 싫었다. 어머니는 건강하려면 콩을 먹어야 한다고 강조하셨다. 콩밥이 나오는 날에는 콩을 골라내고 콩만 남겨두기 일쑤였다. 어머니는 이런 나를 매번 혼내셨다. 어머니의 사랑은 곧 콩밥이었다. 강낭콩을 수확하는 7월 말 즈음부터 어머니의 사랑은 계속되었다.

어느 날인가는 콩밥을 먹다가 심하게 기침을 했다. 그리고 결국 나는 밥을 다 토하고 말았다. 그날 나는 어머니에게 등짝을 맞았다. 어머니는 내가 콩밥이 먹기 싫어서 일부러 기침을 했고, 그게 심해지니까 토한 거라고 하셨다. 어린 나는 콩밥을 못 먹는 내가 싫었다. 오빠도 잘 먹는 콩밥을 나는 왜 싫어하는 걸까? 나는 편식쟁이가 분명했다. 하지만 콩밥만 생각하면 목이 간질간질한 기분이 들었다. 몸에 좋은 콩밥을 안 먹는 나는 건강하지 못한 사람으로 성장할지도 모른다는 생각에 걱정도 되었다.

콩밥을 안 먹는 나는 주변 사람들에게 까다롭고 편식하는 아이로 인식되었다. 그런데 이게 오히려 편했다. 콩밥을 안 먹어도 되니까. 그리고 성인이 되어서 내가 콩밥을 싫어하는 이유를 알게 되었다. 나는 콩 알레르기가 있었던 것이다. 강낭콩이나 땅콩, 아몬드와 같은 콩류를 먹으면 목이 간지럽고 기침이 나오는 증상이 발생한 것은 콩 알레르기 때문이었다. 나를 포함한 우리 가족 모두는 내가 진짜로 콩을 먹으면 목이 간지럽다는 것을 몰랐다.

우리는 많은 부분, 우리 자신을 잘 모르고 있다. 당연하게 여기고 있는, 누구나 그러한 것이 꼭 나도 그래야만 하는 건 아니다. 물론 나는 정말 '까다로운 아이'일 수도 있다. 하지만 그 까다로움이 성격의 문제가 아니라 몸의 신호였다는 사실을 아는 데는 꽤 오랜 시간이 걸렸다. 서두에 콩밥 이야기를 꺼내는 건, 자기 자신을 알기 위해 얼마나 많은 시간이 필요했는지를 말하고 싶어서이다. <u>또 모두에게 당연한 것이 누군가에게는 낯설거나 불편한 것일 수도 있음을</u>

말하고 싶어서이다.

    우리는 종종 누구나 그런 것은 당연히 나도 그래야 한다고 생각한다. 언어도 그러하다. 언어는 공기처럼 나의 주변에 흐르고, 이것을 우리는 당연하게 배우고 익힌다. 모국어를 당연하게 익히며 자라는 환경에서는 내가 쓰는 말의 본질을 제대로 들여다보기 어렵다. 마치 물고기가 물속에 살면서 물의 존재를 인식하지 못하듯, 우리는 언어를 통해 사고하고 표현하면서도 내가 쓰는 언어가 가진 특징, 더 나아가 내가 사용하는 언어가 나의 사고방식까지도 규정한다는 사실을 자각하지 못하는 경우가 많다.

    언어는 공기처럼 일상에 스며 있기 때문에 낯설게 바라보기가 쉽지 않다. 너무 가까이 있어서, 너무 익숙해서 우리는 그 언어가 어떤 방식으로 나를 만들고 있는지 인식하지 못한 채 살아간다.

    내 얼굴을 거울에 비춰봐야 알 수 있듯, 내가 쓰는 말도 외부의 시선을 통해서야 비로소 다시 볼 수 있다. 외국인을 만나 한국어에 대해 질문을 받거나, 그들이 한국어를 배우며 겪는 어려움을 들었을 때 우리는 처음으로 의문을 품게 된다. 한국 사람들은 초록 신호등을 왜 파랗다고 하는지, 아무거나 알아서 하라는 말은 진짜 무엇이든 된다는 말인지……. 또 밥 먹었냐는 말은 왜 그렇게 자주 물어보고, 높임말은 왜 이토록 복잡한지 말이다.

그제야 비로소 깨닫는다. 내가 당연히 써왔던 말이 당연한 것이 아니었음을, 그리고 그 언어가 나의 생각과 얼마나 깊이 관계 맺고 있는지를……. 언어는 단지 의사소통을 위한 수단이 아니라, 한 사람을 구성하는 세계관이기도 하다. 그래서 언어를 객관화한다는 것은 결국 자신을 객관화하는 일과도 닿아 있다. 콩밥을 통해 나의 몸을 이해하게 되었듯, 언어를 통해 나의 생각과 문화, 정체성을 되돌아보고자 한다.

나에게 책을 쓴다는 것은 빈 우물에 물이 고이길 기다렸다가 가득 찼을 때 퍼내는 일과 같다. 내가 퍼낸 물이 부디 마시는 사람들에게 이롭길 바란다.

내가 이 책에서 마음껏 뛰어놀 수 있게 해준 나의 지기(知己)이자 심우(心友)인 소영에게 고마움을 전한다.

이 책을 즐기는 방법

- 순서 없이 궁금한 것부터 읽는다.
- 더 알아보기는 마음 가는 대로 본다.
- 연필을 준비한다.
- 군데군데 그려진 낙서를 찾는다.
- 낙서를 따라서 낙서한다.
- 연필이 그려진 문장을 따라 써본다.

목차

(7) 시작하는 글

1장
이상하고 섬뜩한 말

(17) 초록 신호등이 파란불이라고?
(35) 여우는 사람이 되려고 재주를 세 번 넘는다
(53) 캡틴 아메리카는 답답해서 가슴을 친다
(69) 할머니 뼈 해장국의 비밀

2장
말하지 않아도 아는 말

(89) 좋은데 왜 죽을까?
(105) 저기요, 시간 있어요?
(117) 미안하다는 말은 하기 힘들어
(131) 아무거나 알아서 해

3장
밥으로 하는 말

밥은 먹고 다니냐? (147)

비벼야 맛이다 (163)

우리의 이모는 모두 식당에 있다 (177)

존댓말의 끝은 어디인가 (191)

4장
우리끼리 통하는 말

무질서와 유연함의 사이에서 (207)

우리가 남이니? (221)

자, 게임을 시작해볼까? (235)

흥이 많은 남자, 그 이름은 흥부 (249)

1

이상하고 섬뜩한 말

초록 신호등이 파란불이라고?

올라는 외국인입니다. 올라가 한국인 친구와 함께 건널목을 건널 때였어요.

"어? 파란불이다! 건너자!"

올라는 친구를 쳐다보았습니다. 파란불? 파란색(blue)? 신호등은 초록색(green)인데? 건널목의 신호등은 보통 빨간색(red)과 초록색(green) 등이 켜집니다. 빨간색(red) 등은 정지 신호이고, 초록색(green) 등은 건너는 신호입니다. 올라의 한국인 친구는 색깔 구분을 못하는 걸까요? 아니면 원래 한국의 신호등이 파란색(blue)인데 올라에게만 초록색(green)으로 보이는 걸까요?

이런 경험은 제게도 있습니다. 아이에게 예쁘게 자란 새싹을 보고 '파란 새싹이 예쁘네?'라고 말한 적이 있거든요. 이때 아이가 '엄마, 이건 초록색인데요?'라고 하는 겁니다. 식물의 싹은 보통 초록색(green)이지 파란색(blue)은 아닙니다. 그런데 저는 새싹을 보고 '파란(blue) 싹'이라고 말한 것입니다. 그리고 한국 사람들은 '푸른 바다', '푸른 하늘'이라는 표현을 자주 사용한답니다.

　여기서 궁금해집니다. 한국 사람들은 왜 '초록색(green)'을 '파랗다(blue)'라고 하고, '파란색(blue)'을 '푸르다(green)'라고 표현하는 걸까요? 분명한 것은, 한국 사람들 대다수는 파란색과 초록색을 명확히 구분한답니다. 그런데 일부 표현에서 '초록색(green)'을 '파란(blue)'으로 쓰거나 '파란색(blue)'을 '푸른(green)'이라고 말합니다. 복잡하지요? 그럼 왜 그런지 엉킨 실타래를 차근차근 풀어봅시다.

색을 나타내는 한국어 표현은 다양합니다. 기본적인 어휘는 희다(white), 검다(black), 붉다(red), 누르다(yellow), 푸르다(green)입니다. 비슷한 단어로 하얗다(white), 까맣다(black), 빨갛다(red), 노랗다(yellow), 파랗다(green)도 있습니다.

색채 어휘	형용사	명사
white	희다	하얀색
black	검다	까만색
red	붉다	빨간색
yellow	누르다	노란색
green	푸르다	파란색

말은 생물과 같아서 의미가 같은 두 개의 표현이 있으면 둘 중 하나는 사라진다는 특징이 있습니다. 만약 똑같아 보이는 단어가 모두 사용된다면 그것은 두 단어의 의미가 다르게 쓰인다는 뜻입니다. 한국어 '희다'와 '하얗다', '검다'와 '까맣다', '붉다'와 '빨갛다', '누르다'와 '노랗다', '푸르다'와 '파랗다'도 서로 같은 단어 같지만 조금은 다른 느낌을 가집니다. [red]를

의미하는 '붉다'와 '빨갛다'를 예로 들어볼까요?

① [사과가 붉다 / 붉은 사과]
② [사과가 빨갛다 / 빨간 사과]

여러분은 ①'붉은 사과'와 ②'빨간 사과' 중 어떤 사과가 먹고 싶은가요? 저라면 ②'빨간 사과'를 먹을 것 같아요. 왠지 '빨간 사과'가 맛있게 느껴집니다. 두 사과는 모두 [red]의 의미를 전달하지만 '빨간 사과'가 더 선명하고 진하며 밝은 느낌을 줍니다. 선명하고 밝은색을 가진 사과라면 잘 익었을 것 같습니다. 반면 '붉은 사과'는 [red]의 의미는 있지만 어떤 [red]인지 확실하지 않습니다. 불투명하거나 흐린, 어쩌면 색이 바랬을지도 모르는, 칙칙하고 어두운 느낌도 전달합니다. 이처럼 '붉다'와 '빨갛다'는 같은 단어 같지만, 조금 다른 의미를 갖고 있습니다.

[푸르다]와 [파랗다]도 [붉다]와 [빨갛다]의 경우와 비슷합니다. [파랗다]는 선명하고 진하며 밝은 느낌을 전달하고, [푸르다]는 조금 더 넓고 포괄적인 [green]을

지칭할 때 사용합니다. ④의 '파란 잔디'도 ③의 '푸른 잔디'보다 조금 더 선명하고 진한 느낌을 전달합니다.

③ [잔디가 푸르다 / 푸른 잔디]
④ [잔디가 파랗다 / 파란 잔디]

[푸르다(green)]는 '풀(草, grass)'에서 온 말입니다. [풀(草)+-다]의 형태에서 시작되었거든요. 한국 사람들의 주식이 쌀이기 때문에 옛날 한국인은 모두 쌀을 키웠습니다. 따라서 가장 흔히 볼 수 있었던 것이 풀이고, 그 풀을 통해 생명을 유지했습니다. 한국인뿐만이 아닙니다. 많은 인류가 식물에서 양식을 얻고, 식물로 음식으로 만듭니다. 다수의 식물은 초록색(green)입니다. 식물을 '풀(草, grass)'로 인식한 한국 사람들은 초록색(green)을 [푸르다]라고 하였습니다. 다시 말해 [푸르다(green)]는 초록색을 의미합니다. 그리고 '빨갛다'처럼 선명하고 밝은 초록(green)을 말할 때는 [파랗다]라고 하였습니다. 그런데 시간이 흐르면서 [푸르다]와 [파랗다]는 [붉다]와 [빨갛다]와는 조금 다른 길을 갑니다.

⑤ [하늘이 푸르다 / 푸른 하늘]

⑥ [바다가 푸르다 / 푸른 바다]

'하늘'이나 '바다'와 같이 파란색(blue)을 띤 것에도 [푸르다]라고 하게 된 것입니다. 이건 한국 사람들이 색을 구분하지 못해서가 아닙니다. 옛날이나 지금이나 자연에는 초록색(green)과 파란색(blue)이 있습니다. 그런데 옛날 한국어에는 두 색을 명확히 지칭하고 구분하는 단어가 없었습니다. 대신 [푸르다]와 [파랗다]를 활용하여 초록색(green)과 파란색(blue)을 표현하였습니다. [푸르스름하다], [푸르죽죽하다], [푸르딩딩하다], [파르스름하다], [파르께하다], [파르댕댕하다], [퍼렇다]와 같은 어휘는 초록색(green)과 파란색(blue)은 물론, 색의 진함과 옅음, 밝고 어둠을 묘사할 수 있었습니다.

그러다 차츰 초록색(green)과 파란색(blue)을 구별할 필요성이 생기면서 [푸르다]는 초록색(green)을, [파랗다]는 파란색(blue)을 지칭하는 어휘로 의미 분화가 일어납니다. 즉 명백하게 blue일 경우에는 [파랗다]를 사용하게 된 것입니다. 그리고 현대에 와서는 [파랗다]가 blue를 지칭하는 단어로 굳어집니다. 그런데 [파랗다]가 초록색(green)을 지칭하던 옛 언어 관습이 현대에도 남아 지금도 일부 표현에서 '초록색(green)'을 '파란(blue)'으로 표현하거나 '파란색(blue)'을 '푸른(green)'이라고 하는 것입니다.

이제 신호등 이야기로 돌아가봅시다. 한국 사람들이 신호등의 초록색(green)을 '파란불'이라고 하는 이유는 뭘까요?

우선 밝고 선명한 초록색의 경우 '파랗다'라고 하던 옛 언어 문화가 아직 남아있기 때문입니다. 신호등의 초록색은 보행자가 잘 인식할 수 있도록 밝고 선명한 빛을 냅니다. 이때 옛 한국어는 지금과 달리 '파랗다'라고 하였겠지요. 또 옛 한국어 관습에는 밝고 투명한 초록도 '파랗다'라고 하였는데, 그래서 새싹도 '파란 싹'이라고 한 것이지요.

둘째, '파란'이 주는 '안전', '허용', '출발' 등의 색채 감수성 때문이기도 합니다. 우리가 색을 표현할 때는 색의 정보를 제공하기도 하지만, 색을 통해 나타낼 수 있는 감각적·정서적 분위기도 함께 전달합니다. 이를 색채 감수성이라고 합니다. 한국인은 어떤 일이 잘될 것 같은 느낌이 들 때는 '청신호가 켜졌다'라고 합니다. 국어사전에서 '청신호'는 교차로나 건널목에서 통행하여도 좋음을 표시하는 것이라고 정의합니다. 즉 건널목의 '파란불'인 '청신호'는 '통행', '안전', '허용', '출발' 등의 정서를 전달합니다. 결국 '파란'이라는 어휘가 주는 정서도 함께 전달하기 위해 초록 신호등을 '파란불'이라고 하는 것입니다.

셋째, 신호등의 불빛을 말할 때 '초록불'보다는 '빨간불', '노란불', '파란불'이라고 하는 것이 통일성을 가지기 때문입니다. '초록(草綠)'은 한자에서 온 말이지만 '빨간', '노란'은 고유어이기 때문에 '파란'과 더 잘 어울립니다. 한국어에는 한자 말들이 많은데, 단어가 서로 조합하거나 어울릴 때 같은 계통끼리 결합하는 것이 자연스럽기 때문입니다.

그런데 요즘 한국의 젊은 세대는 [파랗다]를 blue로 간주하고, 신호등도 '파란불'이 아닌 '초록불'로 인식한다고 합니다. 그리고 이들은 '파란색'을 '푸른색'이라고 말하지 않는 경우도 많습니다. 다만 '바다'와 '하늘'은 분명한 파란색(blue)이지만 '푸른 바다', '푸른 하늘'이라고 해도 '틀리다'고 생각하지 않는다고 합니다. 이는 '파란(blue)'은 시원함이나 '투명함', '청명함', '맑음' 등의 이미지를, '푸른(green)'은 '상쾌함'과 '희망', '안정', '성장' 등의 이미지를 갖기 때문입니다. '푸른 바다', '푸른 하늘'은 색상의 정보만 전달하는 것이 아닌, '맑음', '상쾌함', '희망'과 같은 정서도 전달할 수 있기 때문입니다.

색채어는 보통 해당 사회나 시대를 반영합니다. 색깔을 나타내는 어휘가 그 시대와 사회를 나타낸다니요, 신기합니다. 일반적으로 하나의 문화권에서 공유되는 색채어의 유형은 해당 사회의 자연적 요인과 관습, 시장과 산업, 재료와 기술 등이 총체적으로 작용하여 형성됩니다. 그래서 색채어는 문화적 산물이라고 합니다. 조금 어렵게 느껴지는데요.
예를 들어 '사과'의 경우, 한국과 일본은 '빨간색'으로
표현하지만, 프랑스는 '초록색'이라고 합니다.
한국에도 초록색 사과가 있고, 프랑스에도 빨간색
사과가 있습니다. 하지만 한국에서는 빨간 사과가 많이
생산되고, 프랑스에서는 초록색 사과가 많이 생산되기
때문에 사과로 대표되는 색이 서로 다르게 표현됩니다.

   옛날 한국인은 흰색 옷을 많이 입었습니다.
한국인은 흰색이 모든 색 가운데 가장 밝으며, 맑고
곧은 선비의 이미지를 담는다고 생각했습니다. 또
옛날에는 누군가가 죽었을 때 예의를 갖추기 위해 흰색
옷을 입었습니다. 서양 사람들이 장례식에 검은색
옷을 입는 것과는 대조적이지요. 그런데 이렇게 한국
사람들이 흰색 옷을 즐겨 입었던 진짜 이유는 옷에 색을
입힐 염료가 부족했기 때문입니다.

   특히 옛날 한국인들은 노란색 옷을 잘 입지
않았습니다. 왜냐하면 흰 옷을 노랗게 염색하기
위해서는 지초(芝草)나 홍화(紅花)라는 식물이

필요한데, 이러한 염료들은 매우 귀했기 때문입니다.
지초는 영지버섯입니다. 지금도 희귀한 버섯이고,
귀한 약재입니다. 홍화 역시 약으로 쓰입니다.
약으로 쓰기에도 부족한데 옷을 염색하기
위해서 사용하다니요. 그래서 조선시대에는
색금제(色禁制)라고 하여 특정한 색의 사용을
금지하기도 하였습니다. 대표적으로 노란색(黃,
yellow)이 있었습니다. 일반 백성은 물론 왕도
노란색(yellow) 옷을 입지 않는 시기가 있었습니다.
명목상으로는 노란색이 중국의 황제를 상징하는
색이라 하여 사용을 금지하였지만, 실제로는 노란색
염료가 부족했기 때문입니다. 이제 왜 색채어가 문화적
산물인지 알겠지요.

 '파란(blue)'과 '푸른(green)'은 단순히 색을
나타낸다기보다는 사회·문화적 맥락과 역사적 경험에
의해 형성된 말입니다. 한국의 색채어는 감각적 인식을
넘어서, 공동체의 기억과 가치관이 투영된 표현이
많습니다. 그래서 어떤 색은 부정과 불쾌를 상징하고,
어떤 색은 긍정과 행복을 나타내기도 합니다. 이처럼

색은 눈으로만 보는 것이 아니라, 문화 속에서 읽히는 언어이고, 그 언어의 특징을 잘 드러낸다고 할 수 있습니다.

더 알아보기 01

언어인류학자인 벌린(Berlin)과 케이(Kay)는 《Basic Color Terms: Their Universality and Evolution》에서 98개의 언어를 조사하여 인간의 색채어가 발달하는 데는 일정한 순서가 있음을 밝혀냅니다. 연구에 의하면 인간의 언어에는 공통적으로 11개의 기본 색채어가 있으며, 발달하는 과정에도 일정한 보편성이 있음을 알아냅니다.

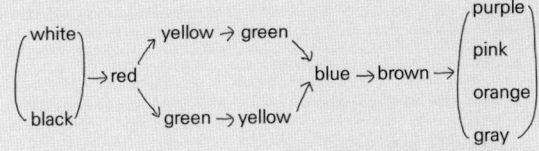

[그림 1] 벌린(Berlin)과 케이(Kay)의 색채어 발달 단계

가령 어떤 언어에 색을 표현하는 어휘가 두 가지 있다면, 그것은 하얀색(white)과 검은색(black)이고, 세 가지라면 빨간색(red)이 추가됩니다. 다섯 가지라면 노란색(yellow)과 초록색(green)이 더해지고, 그다음에 파란색(blue), 갈색(brown), 그리고 최종적으로 보라색(purple), 분홍색(pink), 주황색(orange), 회색(gray)으로 확장되어 총 11개의 기본 색채어가 만들어진다고 합니다. 즉 언어 발달의 초기에는 색채어가 두 가지였다가, 이후 색을 표현하는 어휘가 늘어나는 것이지요.

한국어의 오방색(白, 黑, 赤, 黃, 靑)은 벌린(Berlin)과 케이

(Kay)의 색채어의 보편적 발달과 일치하는 면이 있습니다. 색채어 발달 과정을 보면 초록색(green)을 칭하는 어휘가 만들어지고, 다음에 파란색(blue)이 만들어지므로, 한국인은 초록색(green)의 의미인 [푸르다]나 [파랗다]를 통해 파란색(blue)을 표현하다가 이 둘의 색을 분리하여 지칭할 필요성이 생기자 [파랗다]를 파란색(blue)을 분리한 것입니다. 갈색(brown)이라는 어휘가 만들어지기 전, 한국 사람들이 노란색(yellow)을 변형한 '누런'이란 어휘를 활용하여 갈색(brown)을 표현한 것처럼 말입니다.

> 푸른 사과, 푸른 숲, 푸른 산
> 파란 새싹, 파란 신호등
> 청포도(靑葡萄), 고려청자(高麗靑瓷)

이 말들은 모두 초록색(green)을 띤 사물들의 명칭입니다. 그런데 파란색(blue)을 의미하는 '파란'이나 '청(靑)'이라는 표현이 들어가 있습니다. 그래도 한국인은 초록색을 떠올립니다. 재미있는 것은, 만약 연한 파란색(light blue)과 연두색(yellow green) 종이(paper)를 책상 위에 두고 한국인에게 "푸른 종이를 가져오라"고 하면 어떤 것을 선택해야 할지 고민한답니다. '푸른'이나 '파란'의 영역이 파란색(blue)과 초록색(green)에 걸쳐있기 때문입니다. 학자들은 이와 같은 파란색(blue)과 초록색(green)의 혼용을 '색인지와 언어의 불일치 현상'이라고 한답니다. 이는 색을 구분하지 못하는 것이 아니라, 이름이나 명칭에 해당되는 '언어'가 사물의 객관적 특성과 어긋날 때 발생하는 혼란을 말한답니다.

• 양성희(2021), 교통 신호등 파란불과 초록불의 혼용, 《국어학》 97, 국어학회, 341-372.

옛 한국어 관습에는 밝고 투명한 초록도 '파랗다'라고 하였는데, 그래서 새싹도 '파란 싹'이라고 한 것이지요.

“한숨 돌리고 여우 만나러 가요.”

여우는 사람이 되려고
재주를 세 번 넘는다

조셉은 미국에서 태어나 미국에서 자랐어요. 엄마 아빠가 한국인이기 때문에 집에서만 가끔 한국어로 말하고 대부분은 영어를 사용합니다. 그래서 조셉은 한국어보다 영어가 쉽습니다. 어느 날 조셉의 엄마는 이제 조셉이 많이 자랐으니 한국어를 제대로 가르쳐야겠다고 생각합니다. 조셉에게 [하나, 둘, 셋, 넷…]과 같은 한국어 숫자를 아니, 이제는 날짜 세는 방법도 알려주기로 합니다. 한국어 [하루], [이틀]과 같은 날짜 세는 단어는 일상생활에서 자주 사용하기 때문입니다.

"조셉, 이제 '하루'만 지나면 방학이지? '하루'는 영어로 'One day'라고 말해. 엄마가 한국어로 날짜 말하는 방법을 알려줄게. 'Two days'는…"

조셉의 엄마가 설명을 이어가려는데 조셉은 엄마의 말을 다 듣지도 않고 이미 알고 있다는 듯이 말합니다.

"엄마, 알아요, 알아! 내가 해볼게요!"

조셉의 엄마는 그동안 조셉의 한국어가 많이 늘었나 보다 생각하고 조셉의 말을 들어보기로 합니다. 그런데 조셉의 말에 엄마는 까르르 웃고 말았답니다.

"One day는 '하루', Two days는 '두루', Three days는 '세루', Four days는 '네루'이지요?!"
"하하하! 조셉은 아주 똑똑하구나! 정답은 아니지만 말이 어떻게 만들어지는지 생각해냈으니 말이야~"

영어로 날짜를 말하려면 숫자(One, Two, Three, Four…)에 day(s)를 붙이니까, 한국어도 숫자인 [하나, 둘, 셋, 넷…]에 day(s)에 해당하는 [(하)루]를 붙이면 된다고 생각한 것입니다. 처음에 조셉의 엄마는 한국어로 날짜 세는 방법을 알려주는 일이

쉬울 거라고 생각했습니다. 그런데 가만히 생각해보니 그게 아니더랍니다. 조셉의 엄마는 왜 그런 생각을 했을까요?

사실 한국어로 날짜 세기는 쉽지 않습니다. 영어는 숫자(One, Two, Three, Four…)에 day(s)만 붙이면 되지만, 한국어로 날짜를 말하려면 날짜 세기에 필요한 단어 10개를 따로 외워야 합니다.

① 하루, 이틀, 사흘, 나흘, 닷새, 엿새, 이레, 여드레, 아흐레, 열흘

똑같은 단어가 하나도 없습니다. 참 다행인 것은 11일부터는 [열하루, 열이틀, 열사흘…]과 같이 ①을 조합하여 말할 수 있습니다. 에이~ 어차피 영어도 'One, Two, Three, Four…'처럼 숫자 10개는 기본으로 외우잖아요. 물론 그렇지요. 그런데 한국어로 날짜는 물론 숫자를 말하는 것이 조금은 복잡합니다.

전 세계인이 아라비아 숫자를 사용하기 때문에 학교 교육을 받은 사람이라면 숫자 1, 2, 3, 4…는 압니다. 그런데 각 나라마다 이것을 읽는 방법, 즉 말소리가 다릅니다. 그런데 한국에서는 어떤 상황이냐, 어떤 것을 세느냐에 따라 다른 소리로 말합니다. 여기서 [어떤]에 해당하는 것을 [단위]라고 할 수 있어요. 즉 어떤 단위로 말하느냐에 따라 다른 소리로 말합니다. 예를 들어봅시다.

② 강아지 일곱 마리, (나이) 일곱 살, (발자국) 일곱 걸음
③ 아파트 칠 층(層), (번호) 칠 번(番), 칠 개월(個月)
④ 설탕 칠 그램(g), 물 칠 리터(L), 칠 퍼센트(%)

②~④의 밑줄 그은 어휘가 단위이며, 이들은 대상을 셀 수 있도록 만들어주는 기준이 됩니다. 이 예시의 숫자는 모두 7을 의미하지만 읽는 소리가 다릅니다. ②는 7을 [일곱]으로, ③, ④는 [칠]로 읽습니다. 똑같은 7이지만 읽는 소리가 달라지는 이유는 바로 기준이 되는 [단위]가 다르기 때문입니다. 그리고 이 단위가 고유어 계통이냐, 한자어 계통이냐에 따라 달라집니다.

①의 [마리], [살], [걸음]은 고유어이기 때문에 고유어 숫자인 [하나, 둘, 셋, 넷…]으로 읽고, ③, ④는 아니기 때문에 [일, 이, 삼, 사…]라고 읽습니다.

숫자	한자어	고유어	날짜
1	일(一)	하나	하루
2	이(二)	둘	이틀
3	삼(三)	셋	사흘
4	사(四)	넷	나흘
5	오(五)	다섯	닷새
6	육(六)	여섯	엿새
7	칠(七)	일곱	이레
8	팔(八)	여덟	여드레
9	구(九)	아홉	아흐레
10	십(十)	열	열흘

조셉의 나이는 13세(살)입니다. 영어로는 'Thirteen years old'입니다. 영어의 [years old]에 해당하는 표현이 한국어로는 [살]과 [세(歲)]가 있습니다. [살]은

고유어, [세(歲)]는 한자어입니다. 한국어로 나이를 말할 때는 [열세 살] 또는 [십삼(十三) 세(歲)]이렇게 두 가지로 표현할 수 있습니다. [십삼(十三) 살]이나 [열세 세(歲)]는 어색하고 틀린 표현입니다.

한 가지로만 나이를 말하지 왜 두 가지로 말하는 걸까요? 그건 말하는 사람의 상황이나 환경, 조건이 다르기 때문입니다. 보통 나이를 물을 때 "<u>아이</u>가 몇 살이야?", "<u>할머니</u>는 몇 세(歲)이시니?"라고 묻고, 이때 "일곱 <u>살</u>", "칠십 <u>세</u>" 이렇게 대답합니다. 짐작했겠지만 나이를 묻는 대상이 누구냐에 따라 다른 표현을 씁니다. 이렇게 한국어는 수를 말할 때 다양한 방법이 사용되며, 미세하고 다른 느낌을 전달합니다.

가끔 아이들이 자신을 '칠 살'이라고 말하기도 합니다. '일곱 살'이라는 의미이지요. 아이들은 어떤 말이 한자어 숫자이고, 고유어 숫자인지 잘 모릅니다. 아이들은 자라면서 숫자 '7'을 '칠' 또는 '일곱'이라고 말하게 되는 방법을 배우고, 또 맥락에 따라 '세'와 '살'을 자연스럽게 구분하고 익힙니다.

하지만 외국인이거나 한국어를 일상생활에서

자연스럽게 배울 수 없는 환경이라면 이러한 조합은
외워야 합니다.

그런데 이 규칙이 항상 그대로 적용되지 않습니다.
가령 [일곱 시(時) 십(十) 분(分)]이라는 시간 표현에서는
단위가 모두 한자어인데 [시간(時)]을 나타낼 때는
[일곱]이라는 고유어를 씁니다. 게다가 1, 2, 3, 4는
읽는 방법이 더 다양합니다. 양을 말할 때는 [한 개], [두
개], [세 개], [네 개], 순서를 말할 때는 [첫째], [둘째],
[셋째], [넷째]라고 합니다. 한국어로 숫자를 읽는
방법은 이처럼 다양하고 복잡합니다. 그래서 학자들이
한국어 숫자 읽기에 대한 규칙을 찾으려고 했지만
개인의 선호도에 따라 차이가 있어서 일반화된 규칙을
설정하기에는 힘들다는 결론을 냈답니다.

<small>정영임 외(2002), 현대 한국어에서 아라비안 숫자의 읽기 규칙 연구, 《한국정보과학회 언어공학연구회 학술발표 논문집》, 한국정보과학회 언어공학연구회, 16-23.</small>

따라서 고유어 단위는 꼭 고유어 숫자로, 한자어 단위는
한자어 숫자로 말한다고는 할 수 없어요.

얼마 전, 한국에서 임시공휴일을 지정한 적이 있었답니다. 이때 날짜 때문에 작은 혼란이 있었어요. 정부는 앞뒤가 휴일인 경우, 가운데 평일도 공휴일로 지정하고 '사흘을 쉬게 된다'고 공지했답니다. 5일과 7일이 휴일이면 6일이 평일이더라도 휴일로 지정하여 '사흘을 쉬게 된다'고 한 것입니다. 이 표현은 틀린 것이 없습니다. 그런데 해당 신문 기사의 댓글에 "사흘을 쉬는 것이면 4일 동안 쉬는 것이냐"는 질문이 올라왔던 것입니다. [사흘]을 [4일]로 알았던 것입니다.

날짜 말하기에서 3일은 [사흘], 4일은 [나흘]이라고 말합니다. 그런데 한자어 [사일(四日)]과 날짜 [사흘]의 발음이 비슷하여 헷갈렸던 것입니다. 말하는 사람의 발음이 부정확할 경우 한국인도 [사흘]과 [4일]을 종종 혼동합니다. 보통 [하루]나 [이틀]의 경우에는 사용하는 횟수도 많고, 발음이 정확히 구분되지만, 3일에 해당되는 [사흘]부터는 그 사용 빈도가 급격히 떨어지고 [4일(四日)]과 발음도 비슷하기 때문에 한국인도 [사흘]과 [4일]을 혼동합니다. 이유야 어떻든,

한국 사람들도 날짜 말하기가 쉽지 않다는 사실을 알 수 있습니다.

<u>숫자는 단순히 수를 나타내거나 계산의 역할</u> 말고 다른 용도로도 활용됩니다. 바로 숫자가 가진 상징성을 이용하는 것인데요, 이것은 특정한 숫자를 선호하거나 기피하는 현상을 말한답니다. 가령 서양에서는 '13'이란 숫자가 불길함을 상징한다고 보고 피하는데, 한국에서는 '4'라는 숫자가 그런 역할을 한답니다. '4(四)'가 '죽음(死)'을 의미하는 단어와 발음이 비슷해서 그렇답니다. 간혹 건물 엘리베이터에 4층 버튼의 숫자를 영어 'F(Four)'로 표시하기도 하는데, 이를 모르는 외국인들은 'F' 버튼을 'Floor'로 오해하기도 합니다.

SWE SWE AUNG(2019), 한국어와 미얀마어 수의 상징적 의미 비교 연구, 《한민족문화연구》 67, 한민족문화학회, 59-80.

수의 상징성은 모든 나라에 있는 현상입니다. 상징성을 가진 한국의 대표적인 숫자는 [3, 4, 7, 100, 1000]입니다.

우선 '3'은 세계 모든 나라에서 의미를 부여하는 숫자입니다. 한국에서도 '3'을 선호하는데, 어떤 일을 결정할 때도, 가위바위보를 하고, 가위바위보도 '삼 세 번'을 합니다. 참아주는 것도 세 번은 하고, 만세를 외칠 때도 세 번을 합니다. 속담에도 '세 살 버릇, 여든까지 간다'고 하고, '말하기 전에 세 번 생각해야' 하며, '서당 개 삼 년이면 풍월을 읊을 수 있다'고 합니다. 한국의 신화, 민담, 전설에도 '3'이라는 숫자가 자주 등장합니다. 옛이야기 속 주인공들은 중요한 갈림길을 세 번 경험하고, '인생의 기회도 세 번이 온다'고 합니다. 특히 사람이 되고자 하는 여우는 재주를 세 번 넘어야 사람으로 변신이 가능합니다.

숫자 '3'은 '조화'와 '완성'을 상징합니다.
이가원(2025), 숫자 상징을 활용한 상호문화교육 방안 연구,
《한국문예비평연구》 85, 한국현대문예비평학회, 107-138.

3은 '하늘, 땅, 사람'을 의미하며, 이로써 세상이 만들어지게 되므로 '완결성'을 가집니다. 기독교에서도 '성부, 성자, 성령'의 삼위일체가 존재하고, 힌두교에도

'브라만(창조신), 비슈누(보호신), 시바(파괴신)'이 삼위일체를 이루고 있습니다. 이처럼 '3'이라는 숫자는 인류의 보편적 상징 요소를 포함한다고 할 수 있습니다. 즉 어떠한 결정이나 각오, 시험, 기회, 갈림길 등을 완결하고 완성하기 위해서는 '3'이라는 숫자를 통해 완결성을 주는 것이랍니다. 따라서 여우도 사람이 되기 위해 '세 번의 재주를 넘어서' 사람으로 변신을 '완성'하는 것이지요.

숫자 '7'은 '행운'을 나타냅니다. '럭키 세븐(Lucky Seven)'이라고 하여 서양에서도 '7'은 행운을 의미합니다. '북두칠성'은 길함과 행운을 상징하며, 소원을 들어주는 별자리로 유명합니다. 견우와 직녀가 만나는 날인 7월 7일은 사랑과 재회를 상징합니다. 또 한국에서 '7'은 생애 주기와 관련이 있습니다. 일주일은 7일 단위로 반복되는데, 아기가 태어나고 세 번째 7일인 21일($3 \times 7 = 21$) 동안은 주의를 해야 하며, 엄마는 신체를 회복할 시간을 갖습니다. 사람이 죽으면 일곱 번째 7일인 49일($7 \times 7 = 49$)에 죽은 사람의 영혼이 하늘로 올라간다고 생각했답니다.

옛날 한국 사람들은 숫자 '100(백)'이나
'1000(천)'을 '많다' 또는 '오랫동안'의 의미로
사용했습니다. '백(100)'은 '완전함'이나 '충만함',
'풍요', '장수'를 의미합니다. 그래서 아기가
태어나고 100일이 지나면 '백일잔치'를 하여 장수를
기원했습니다. 소원이 있을 때는 '백일기도'를
했으며, '백전백승(百戰百勝)'은 완벽한 실력을
가졌음을 의미하고, 잔치의 많은 음식은 '백 가지
음식(百家飯)'이라고 하였습니다. 또한 '백성', '백화점',
'백과사전' 등은 모두 '많음'을 의미합니다. 요즘
젊은이들은 연인과 100일째 만남의 날을 기념합니다.
이는 둘의 만남이 완전하게 충만한 시간을 가졌음을
축하하는 것이랍니다.

한편 '천(1000)'은 옛 한국 사람들이 가장 크다고
여긴 숫자입니다.

<sub>김낭예(2019), 숫자 상징을 활용한 한국 문화 교육 연구,
《비교문화연구》 43, 서울대학교 비교문화연구소, 139-170.</sub>

'천 냥', '천 리', '천 길', '천리마' 등의 '천'은 '많은

양과 크기'를 나타냈습니다. '천 냥 빚을 갚는다', '천 리 길도 한 걸음부터', '천 길 물속은 알아도 한 길 사람 속은 모른다' 등의 속담에도 이러한 의미가 담겨있습니다. 또 '천(1000)'은 '오랜 시간'이나 '장구함' 등을 상징하기도 합니다. '천년 고찰'은 오래된 절을 의미하고, '천년 묵은 구렁이'는 오랜 시간 기다린 끝에 신령스러운 능력을 가진 뱀을 의미합니다.

숫자는 그저 수학을 위해 존재하는 어휘가 아닙니다. 언어가 그러하듯, 숫자에도 그 나라의 문화와 살아온 이야기가 담겨있답니다. 한국의 숫자 표현이 조금은 어렵지만 그 속에 숨겨진 상징을 알아가면 재미있게 숫자를 익힐 수 있지 않을까요?

더 알아보기 02

한국어의 숫자 세기는 왜 이렇게 복잡하고 어려운 것일까요? 이는 한국어에 다른 언어가 유입되고 사용량이 늘어나면서 일어난 현상입니다. 요즘에는 영어 사용이 증가하면서 영어로 된 숫자 표현도 많아지고 있습니다. 가령 '아이폰 식스(6)'나 '원샷', '엠피쓰리(MP3)', '오징어게임 투(2)'와 같은 표현은 영어로 된 숫자 표현입니다.

옛날 한국은 고유어 표현의 숫자를 사용했습니다. 그런데 한자어가 유입되면서 고유어 숫자와 한자어 숫자는 경쟁 관계에 놓이게 됩니다. 그리고 경쟁에서 진 어휘들은 사라지거나 사용례가 줄어듭니다. 대표적인 예로 '100'을 의미하는 고유어 '온'과 '1000'을 의미하는 고유어 '즈믄'은 16세기 말 이후 서서히 사용량이 줄다가 한자어 '백(百)'과 '천(千)'에 밀려 결국 사라집니다.* 이렇게 서로 경쟁 관계였던 고유어 숫자와 한자어 숫자는 일부는 사라지고, 일부는 혼합 사용되면서 한국어의 숫자 표현을 복잡하게 만듭니다.

그래도 고유어 숫자와 한자어 숫자의 사용례는 일정한 패턴이 있답니다.**

첫째, 수학이나 전문 영역에서의 숫자는 한자어 사용이 자연스럽고, 일상 언어에서는 고유어가 자연스럽습니다.

둘째, 고유어로 된 숫자 중 가장 큰 수는 '아흔아홉(99)'이고, '백(百, 100)'보다 큰 수는 한자어가 주로 사용되거나 고유어와 혼합하여 사용됩니다.

셋째, 고유어와 한자어 수 표현은 후행하는 요소, 즉 단위가 고유어이냐, 한자어이냐가 영향을 미칩니다. 다만, 이 단위가 오랫동안 쓰여 고유어처럼 인식되는 '다섯 시(時)'와 같은 시간 단위에는 고유어가 쓰이지만 '오(五) 분(分)', '오(五) 초(秒)'와 같이 비교적 최근에 쓰이게 된 개념에는 한자어 숫자를 사용합니다.

넷째, 동일한 환경이라도 작은 수는 고유어가 더 자연스럽습니다. 가령 나이를 말할 때, 어리거나 젊은 나이인 '열 살', '스무 살', '서른 살'은 고유어 숫자가 자연스럽지만, '일흔, 여든, 아흔'과 같이 고유어 큰 수로 나이를 말하는 경우는 점점 줄어들고 있답니다. 대신 '칠십, 팔십, 구십'과 같은 한자어 수의 사용이 늘고 있답니다.

한국어의 숫자 표현은 말하는 사람의 기호와 맥락에 따라 다양한 어휘가 선택되지만, 이상과 같은 패턴을 기억한다면 조금 쉽게 다가갈 수 있답니다.

• 이기문(1998), 《신정판 국어사개설》, 태학사.
•• 구본관(2022), 국어의 수 관련어와 문법화, 《우리말연구》 70, 우리말학회, 5-34.

숫자는 그저 수학을 위해 존재하는 어휘가 아닙니다.
언어가 그러하듯, 숫자에도 그 나라의 문화와 살아온
이야기가 담겨있답니다.

"시원한 이야기 보러 가요."

캡틴 아메리카는
답답해서 가슴을 친다

　모니카가 한국인 친구와 식당에 갔을 때의 일입니다. 옆 테이블에 앉은 한국 사람들이 콩나물해장국을 먹으며 '아~ 시원하다'라고 말하는 걸 듣고 모니카가 깜짝 놀랍니다.

"Wait, wait, I didn't mishear that, right? Did they just say it's cool? It's literally steaming hot!" (잠깐만, 내가 잘못 들은 거지? 김이 펄펄 나는데, 저 사람들 시원하다고 한 거야?)

　모니카는 한국 사람들이 뜨거운 음식을 먹으면서 [시원하다]라고 하는 것이 이상하게 들렸던 모양입니다. 하지만 이런 상황에서 한국 사람들이 [시원하다]라고 말하는 것은 자연스럽습니다. 영어로 대략 'refreshing'의 느낌을 표현한다고 할 수 있지만, 충분하지 않습니다. 왜냐하면 한국 사람들은 사우나의 뜨거운 물에 들어갈 때도, 마사지를 받을 때도, 차가 뻥 뚫린 고속도로를 달릴 때도, 복잡한 문제가 해결되었을 때도, [시원하다]라고 말하기 때문입니다.

[시원하다]의 사전적 의미는 '덥지도 춥지도 않은, 적당히 차가운 온도'를 말합니다. 그런데 이것은 [시원하다]의 기본 의미일 뿐, 추가로 일곱 가지의 비유적 의미가 더 있습니다. 다음 표를 볼까요?

임수진(2018), 온도어의 의미확장 비교 분석: 영어 'cool'과 한국어 '시원하다'를 중심으로, 《언어과학연구》 85, 언어과학회, 227-301.

시원하다	유형(사용비율)
덥거나 춥지 않은 적당히 차가운	온도(32.1%)
마음이 후련한, 만족스러운	감정(27.5%)
망설임이나 거침이 없는	성품(6.8%)
느낌이 시원한, 푸른	색(2.5%)
매우 많은, 숫자가 큰	수량(1.4%)
뜨겁고 후련한, 차고 산뜻한	음식(14.6%)

막힌 데가 없어 답답하지 않은	공간(8.9%)
몸이 편안하고 가뿐한	몸(1.4%)
깨끗하고 쾌적한	환경(1.4%)

COOL	유형(사용비율)
저온이나 아주 낮지 않은	온도(43.8%)
냉담한, 냉정한	감정(2.9%)
너그러운, 뒤끝이 없는	성품(3.7%)
느낌이 시원한, 푸른	색(0.9%)
거금, 무려, 자그마치	수량(0.9%)
멋진, 좋은	매력(40.1%)
침착한, 이성적인	이성(17.7%)

    모니카가 식당에서 이상하다고 느낀 [시원하다]의 의미는 비유적인 개념입니다. 영어의 [cool]도 이와 비슷합니다. 기본적으로는 '온도'의 의미를 갖지만, 현실에서는 '사람이나 사물이 멋지거나 매력적인 상황'에서 자주 쓰입니다. 그러고 보니 [시원하다]와 [cool]은 비슷한 의미 같습니다. 서로 완벽하게 대체할 수는 없지만, '온도'의 개념을 기본 의미로, 대체로

긍정적인 의미를 비유한다는 점이 그러합니다. 그러나 자세히 살펴보면 조금 차이가 있습니다.

보통 하나의 언어 표현에는 글자 그대로의 의미인 '기본 의미'와 함께 확장 의미, 즉 '비유적 의미'가 있습니다. 예를 들어 사람의 몸에 달린 [발]의 경우, 기본 의미는 신체 기관이지만, 비유적 의미로 가구의 기둥 아랫부분의 도드라진 곳을 [발]이라고 합니다. [시원하다]와 [cool]도 '온도'와 관련된 기본 의미가 있지만, 따로 다양한 비유적 의미가 존재합니다. 위 표를 보았을 때 [cool]보다 [시원하다]의 비유적 의미가 다양합니다. 그럼 왜 이런 현상이 발생하는 것일까요?

인간은 새로운 개념이나 새로운 경험을 받아들일 때, 이미 알고 있는 것에 비추어 이해하려는 경향을 가집니다. 그리고 평소에 사용하던 어휘를 활용해 최대한 많은 것을 표현하고 싶어 합니다. 왜냐하면 새로운 개념이 생길 때마다 새 명칭을 만들면 기억할 게 너무나 많아지기 때문이지요. 이미 알고

있는 것에 새로운 개념을 빗대어 표현하면 이해가
쉽습니다. 그래서 새 개념이 생기면 기존 어휘의
유사성과 연관성에 빗대어 활용하고, 그러면서 의미가
확장된답니다.

　[시원하다]라는 말은 아주 오래전부터 한국인들이
사용하던 어휘입니다. 그런데 옛날 자료를 살펴보면
19세기에 와서야 [시원하다]가 '온도'와 관련된 의미를
얻게 됩니다.

송지혜(2011), '시원하다'의 통시적 의미 변화 양상 연구,
《어문학》 111, 한국어문학회, 37-56.

 15세기의 [시원하다]는 '감정'과 관련된 어휘였습니다.
즉 과거에는 [시원하다]가 '마음'이나 '가슴' 등의
단어와 결합하여 '답답한 마음이 풀려 후련해지다'라는
의미로 사용되었습니다.

15세기에는 [시원하다]를 [싀훤ᄒ다]라고 썼답니다. 15세기의
[훤ᄒ다]는 현대어 [훤하다]로 '앞이 탁 트여 매우 넓고
시원스럽다'라는 의미입니다. [싀훤ᄒ다]와 [훤ᄒ다]가 연관이
있어 보입니다. 또 [시원하다]는 [시원스럽다], [시원스레],
[시원시원], [시원섭섭], [시원찮다] 등으로 어휘가 확장됩니다.

그러다가 시간이 흐르면서 '음식'이나 '공간'의 의미로

확장되고, 마지막에 '온도'의 의미를 얻게 됩니다.
따라서 현재의 [시원하다]의 기본 의미는 근래에
형성된 것이라고 할 수 있습니다. 만약 옛날에 사전이
존재했다면 [시원하다]의 기본 의미는 '감정'과 관련된
것이었겠지요. 이러한 까닭에 외국인들은 [시원하다]의
의미를 명확히 이해하는 데 어려움을 겪습니다.

    그럼 옛날 사람들은 [시원하다]를 어떤 상황에서
사용했을까요? 이걸 알기 위해서는 [시원하다]의
대립 개념인 [답답하다]를 통해 그 뿌리를 추측해볼
수 있습니다. [답답하다]는 물리적으로 좁은
'공간'에서 느끼는 '감정'의 표현입니다. 공간 따위가
비좁아 마음에 여유가 없고, 숨이 막힐 듯 갑갑할
때 [답답하다]라는 표현을 씁니다. [답답하다]는
심리적으로 불안하고 초조하며, 억압된 감정을
말합니다. 그런데 이러한 상황이 일시에 해소된다면
어떨까요? 이것이 바로 [시원하다]입니다. 다시 말해
답답함이 제거되어 해방감과 후련함을 느낄 때 바로
[시원하다]를 사용합니다. 술을 마셔 속이 불편할
때 무언가를 먹고 답답함이 해소되었을 때, 힘들어

찜질이나 마사지를 하여 몸의 긴장이 풀릴 때, 어떤 상황이 생각대로 진행되지 않다가 문제가 한 번에 풀렸을 때, 막힌 도로에서 오도 가도 못 하다가 뻥 뚫린 도로에 나왔을 때의 해방감과 후련한 감정이 바로 [시원하다]입니다. 따라서 사전에 제시되지 않은 상황에서도 이러한 감정을 느꼈다면 [시원하다]라고 할 수 있답니다.

인간은 감정의 동물입니다. 인간의 감정을 아는 것은 곧 인간을 이해하는 것입니다. 그간 감정에 대한 연구는 심리학이나 철학, 의학 분야에서 주로 담당했습니다. 그런데 20세기가 되면서 언어의 영역에서도 '감정'을 연구하기 시작합니다. 그리고 감정을 표현하는 언어는 문화권마다 관습적 표현이 존재한다는 사실을 알게 됩니다.
언어에는 '감정'은 물론 각 나라의 '문화적 맥락'이 숨어있던 것이지요. 사실 심리학이나 철학, 의학을 거치지 않고도 우리는 매일 말을 하면서 자신의 감정을 다른 사람에게 전달합니다. 다만 이러한 표현에 너무나 익숙해, 왜 그러한 표현이 사용되고 있는지 잘 모를 뿐입니다. 바로 [시원하다]처럼요.

감정은 추상적인 개념입니다. 눈으로 볼 수 있거나 물리적으로 확인할 수 있는 현상이 아닙니다. 눈에 보이지도 않고, 정확히 분석할 수도 없는 인간의 감정을 언어로 표현하기란 쉬운 일이 아닙니다. 그래서 추상적인 감정을 개념화하기 위해 인간은 그것이 일어났을 때의 몸의 반응과 변화에 주목합니다. 가령 무서운 것을 보았을 때 우리의 심장은 박동수가 빨라지고, 손이 떨리거나, 얼굴색이 변하는 등의 신체 반응이 나타납니다. 이러한 경험을 토대로 '가슴이 벌렁거렸다', '다리가 후들거렸다', '얼굴이 파랗게 질렸다' 등의 언어 표현을 하고, 이는 '두려움(fear)'의 감정으로 개념화합니다.

이처럼 인간의 '감정'은 외부 자극에 의해 발생한 신체적 반응을 인지적으로 해석하면서 형성됩니다. 인간이 느끼는 감정의 종류는 문화권이나 연구자마다 다르지만, 한국에서는 '희로애락(喜怒哀樂)'이라고 하여

'기쁨(喜), 화(怒), 슬픔(哀), 즐거움(樂)' 네 가지를 기본 감정으로 보았습니다. 서양에서는 '슬픔(sadness), 화(anger), 미움(hate), 두려움(fear), 기쁨(joy), 행복(happiness), 욕망(desire), 사랑(love)'의 여덟 가지를 기본 감정으로 보았는데 심리학자들은 감정과 생리적 반응에 대해 주목합니다. 감정이

> 임지룡(2006),《말하는 몸: 감정 표현의 인지언어학적 탐색》, 한국문화사.

생리적 반응을 동반하기 때문입니다.

그렇다면 감정이 일어났을 때 가장 많이 발생하는 생리적 반응은 무엇일까요? 연구에 의하면 신체 외부 반응으로 눈과 얼굴이 변하는 것이고, 내부적으로는 심장이 빨리 뛰는 등의 변화라고 합니다.
특히 심장이 두근거리는 현상은 모든 기본 감정에서 일어나는 공통적 현상입니다. 옛날 한국 사람들은 심장이 있는 '가슴'을 감정이 발생하는 곳이라고 생각했습니다. 과학적으로 감정은 인간의 뇌에서 일어나는 것이지만, 표면적으로는 심장이 가장 많이 뛰기 때문에 감정이 생성되는 곳이 마음이라고 본 것입니다. 그래서 한국어의 감정 표현들은 [가슴]이란

어휘와 함께 등장합니다. [시원하다]와 [답답하다]도
마찬가지입니다.

　　가슴이 시원하다.
　　가슴이 답답하다.

　그리고 한국 사람들은 '가슴이 답답하다'라고 할 때
가슴을 가볍게 두드리는 행동을 합니다. 또 슬픈 감정이
크게 일어날 때도 '가슴이 아프다'며 가슴을 치는
모습을 볼 수 있습니다. 그런데 이런 가슴을 두드리는
행동은 문화권마다 조금씩 의미가 다릅니다. 헐리우드
영화 《킹콩(King Kong)》을 보면 궁지에 몰린 킹콩이
빌딩 위에서 포효하며 가슴을 세게 두드리는 장면이
나옵니다. 이는 저항과 전투의 의지, 존재의 과시와
같은 감정을 상징합니다. 이는 한국의 정서와 많이 다른
것입니다. 아마 《킹콩》을 모르는 한국 사람이 이 장면만
따로 떼어서 본다면 다음과 같이 말하지 않을까요?

　"아니, 쟤는 뭐가 그렇게 답답해서 저런대?!"

영화《타잔(Tarzan)》이나《캡틴 아메리카(Captain America)》에서도 가슴을 두드리는 장면이 나옵니다. 요즘에는 축구 경기에서 선수들이 골을 넣은 후 세리머니로 가슴을 치는 행동을 합니다. 이는 팀이나 팬들에 대한 인사와 개인적 기쁨, 승리에 대한 자신감의 표현이라고 할 수 있습니다. 반면 한국 영화《국제시장》이나《밀양》에서는 슬픔이나 억울함, 원통함과 같은 억누르기 힘든 감정 상태를 표현하기 위해 가슴을 칩니다. 이처럼 감정 표현은 문화마다 결이 다르고 언어적 함의도 다릅니다. 가슴을 두드리는 행동이 서양에서는 힘이나 도전, 승리, 과시와 같은 감정의 표현이라면 한국에서는 답답함, 슬픔, 억울함의 감정을 표현하기 위함이랍니다.

더 알아보기 03

인간이 가진 가장 아름답고 근원적인 감정 가운데 하나는 바로 '사랑'입니다. 우리는 태어나면서부터 부모님의 사랑을 받고, 한평생 누군가를 사랑하며 살아갑니다. 그렇지만 막상 '사랑'의 감정을 설명하려고 하면 어렵기만 합니다. 그만큼 사랑의 감정이 복잡하고 다층적이며, 때로는 기쁨과 설렘, 때로는 아픔과 그리움을 동반하기 때문일 것입니다. 그래서 사람들은 '사랑'을 '눈물의 씨앗'이나 '달콤한 사탕', '빛나는 불꽃'과 같이 비유적으로 표현합니다.

인지언어학자들은 감정과 같이 추상적인 개념을 설명하기 위해 사람들이 사용하는 비유의 양상을 분석합니다. 그중 '사랑'의 감정도 탐색되는데, Lakoff & Johnson(1980)은 영어 사용자들이 '사랑'을 표현할 때 '여행, 물리적 힘, 환자, 광기, 전쟁, 예술작품' 등 일곱 가지에 빗댄다고 분석합니다. 한편 임지룡(2006)은 한국인이 활용하는 사랑의 비유 양상을 '그릇 속 액체, 적, 물건, 식물, 음식물, 술, 바닷물, 불, 끈, 풍선, 건축물'의 열한 가지라고 봅니다. 또 박은미, 이병운(2020)은 한국어의 '사랑'에 대한 은유 표현을 다음 열네 가지로 보고 이웃 국가들과 비교합니다.*

	비유 영역	한국어	영어	중국어	일본어	태국어	몽골어
1	사랑은 물건이다	O	O	O	O	O	O
2	사랑은 그릇 속 액체다	O	O	O	O	O	O
3	사랑은 식물이다	O	O	O	O	O	O
4	사랑은 사람이다	O	O	O	O	O	

5	사랑은 불이다	O	O	O	O		O
6	사랑은 공부다	O	O	O		O	
7	사랑은 병이다	O	O	O	O	O	O
8	사랑은 음식이다	O	O	O	O		
9	사랑은 그림이다	O			O	O	
10	사랑은 전쟁이다	O	O	O	O		O
11	사랑은 끈이다	O	O		O		
12	사랑은 힘이다	O	O		O	O	
13	사랑은 강물이다	O			O		
14	사랑은 옷감이다	O					

'사랑'에 대한 한국인의 비유 표현이 얼마나 다양한지 알 수 있습니다. BTS의 노래《봄날》에는 다음과 같은 가사가 나옵니다. "눈꽃이 떨어져요, 또 조금씩 멀어져요, 보고 싶다 보고 싶다, 그리움들이 얼마나 눈처럼 내려야 그 봄날이 올까." 이 가사의 [봄날]은 단순한 계절을 넘어 '사랑'이나 '사랑하는 사람'을 상징합니다. 이런 점에서 '사랑은 계절이다'라는 항목을 연구에 추가해야 할 것 같습니다. 이처럼 한국인의 언어적 감수성은 생각과 감정을 풍부하게 하는 힘이고, 창의력의 원천이 됩니다. 어쩌면 오늘날 한국이 문화 강국으로 성장한 원동력이 바로 이러한 한국어가 가진 힘 때문이 아닐까 조심스럽게 추측해봅니다.

• 박은미, 이병운(2020), 한국어 학습자를 위한 은유 표현 교육 연구-'사랑'의 개념적 은유를 중심으로,《우리말연구》60, 우리말연구회, 141-170.

가슴을 두드리는 행동이 서양에서는 힘이나 도전,
승리, 과시와 같은 감정의 표현이라면
한국에서는 답답함, 슬픔, 억울함의 감정을
표현하기 위함이랍니다.

"음식으로 기분 풀러 가요."

할머니 뼈 해장국의 비밀

가족이 함께 저녁 식사를 하기 위해 단골 횟집에 갔습니다. 회는 익히지 않은 신선한 생선을 한입 크기로 썰어서 먹는 음식입니다. 무엇을 먹을지 가족들이 모두 메뉴판을 보고 있을 때 아들에게 의견을 물었습니다.

"오늘은 무슨 회를 먹을까?"
"음... 오늘은 왠지 '감성이 도는 날'이니까 '감성돔'을 먹어요!"

도미의 한 종류인 '감성돔'은 동아시아 인근에서 잘 잡히는 생선으로 '감성'과 '돔'이 합쳐진 말입니다. '돔'은 '도미'의 줄임말입니다. 그런데 여기서 '감성'은 '인간의 감각적 능력'을 말하는 것이 아닙니다. 원래 '도미'라는 생선은 붉은색을 띠는데 '감성돔'은 검은

비늘을 가지고 있답니다. 그래서 '감성'은 '검정'을 의미합니다. '감성돔'을 다른 말로 '먹도미'라고도 하는데, '먹'은 검은색을 의미하거든요. 이 사실을 모르면 '감성돔'이 마치 '감성이 도는 것'으로 해석될 수도 있겠어요.

한국 음식 이름에는 재미있는 표현이 많습니다. 그런데 일상에서 음식 이름을 자주 사용하는 한국 사람들은 음식명을 이상하게 보는 경우가 드물지만, 외국인은 다릅니다. 그래서 외국인을 위한 한국 음식 이름을 번역할 때는 주의가 필요합니다. 엉터리 번역이나 부정확한 표기는 혼란을 키울 수 있기 때문입니다. 다음은 한식의 잘못된 번역의 예입니다.

① 곰탕(Gomtang)
   → Bear Tang (x), Beef Bone Soup (○)
② 육회(Yukhoe) → Six Times (x), Beef Tartare (○)
③ 동태찌개(Dongtae-jjigae)
   → Dynamic Stew (x), Pollack Stew (○)

④ 밀면(Milmyeon)

→ When you push (x), Wheat Noodles (o)

위의 사례는 일부러 만들어낸 것이 아닙니다.
KBS 뉴스(2014.05.15.), 《'엉터리 영어' 한식 이름⋯200개 표준안 확정》, 김나미 기자. https://news.kbs.co.kr/news/pc/view/view.do?ncd=2863261

실제 외국인 대상 한국 식당의 메뉴판에 있었던 사례입니다. [육회(Beef Tartare)]를 'Six Times'나 [밀면(Wheat Noodles)]을 'When you push'라고 번역한 것에는 실소를 금할 수밖에 없네요. 한류의 확산으로 한국 음식에 대한 세계인의 관심이 높아지고 있는 상황에서 한식의 이름을 잘못 번역하는 것은 한국 문화의 정체성을 왜곡할 수 있습니다. 다행인 것은 이러한 문제점을 파악한 〈국립국어원〉과 〈한국관광공사〉, 〈한식재단〉에서는 세계인에게 우리 음식 문화의 이해를 높이고자 한식명의 로마자 표기와 번역 표준안을 마련했답니다.

이곳에 소개된 한식의 영어 번역은 《국립국어원》의 한식명 번역 표준안을 토대로 하였습니다.

https://www.korean.go.kr/front/board/boardStandardView.do?board_id=6&b_seq=465

그래서 이제는 한국 음식의 외래어 표기 기준이 표준화된 상태입니다.

한 나라의 문화를 반영하는 대표적인 사례로 '음식'을 꼽을 수 있습니다. 우리는 어떤 나라에 방문하지 않고도 그 나라의 음식을 먹으며 해당 국가의 문화를 경험할 수 있기 때문입니다. 일반적으로 '음식'은 공동체의 환경과 문화로부터 출현하며, '음식 이름'은 공동체의 언어 형식에 따라 만들어집니다. 따라서 음식명은 그 나라의 언어와 문화를 반영합니다. 만약 외국인이 한국의 음식 문화를 모르고 음식 이름을 접한다면 문화와 언어 차이로 인해 이해의 어려움을 겪을 수 있습니다. 왜냐하면 음식명이 주는 표면적 정보로는 음식에 대한 충분한 정보를 얻을 수 없기 때문입니다. 이는 한국 사람이 해외에 갔을 때도 마찬가지입니다.

가령 외국인의 입장에서 [칼국수(Noodle Soup)]나, [곰탕(Beef Bone Soup)], [갈매기살(Pork skirt meat)], [쥐포(Dried Filefish)], [빈대떡(Mung Bean Pancake)], [주먹밥(Riceballs)]과 같은 음식들은 혹시 특별한 재료를 넣어서 만든 것은 아닌지 상상하게 됩니다. 심지어 [할머니뼈해장국(Grandmother's Pork Bone Hangover Soup)]은 할머니의 뼈로 만든 해장국(The soup of grandmother's bone)이면 어떡하나 걱정했다는 외국인도 있으니까요.

외국인의 입장에서 한국의 음식 이름이 독특하다고 여겨질 사례는 많습니다. [소금구이(beef grilled with salt)]나 [불고기(Bulgogi)]는 소금이나 불을 구워서 먹는지, 코와 다리를 찐 음식일 것 같은 [코다리찜(Braised Half-dried Pollack)], 황제의 갈빗살로 만들었을지 모르는 [황제갈비살(Prime Pork Rib)], 곰을 넣어 만든 듯한 [곰국(Beef Soup)], 이 음식들은 잘못 이해하면 섬뜩한 느낌이 듭니다. 또 [총각김치(Whole Radish Kimchi)]가 있다면 '처녀김치'도 있을지 궁금하고, 콧등을 치는 국수는 어떻게 먹을지 걱정되는 [콧등치기국수(Buckwheat

Noodles with Potato Balls)]도 있습니다.
이름만으로는 어떤 음식일지 상상이 안 되는
것들입니다. 그리고 [단군신화전(Dangunsinhwa-jeon)]이라는 음식이 있는데,

> '단군신화전'은 한국의 건국 신화인 '단군신화'에 나오는 재료를
> 이용하여 만든 요리로 배추김치 위에 깻잎과 구운 소고기와
> 마늘을 얹고 말아 밀가루와 달걀을 묻혀 지져서 잘라낸
> 음식입니다. 영어 번역은 'Pan-fried Battered Kimchi Roll
> with Garlic and Beef'입니다. 《한식진흥원-한식 메뉴 외국어
> 표기 길라잡이 800선》

글쎄요, 이건 아마 한국인들도 잘 모르지 않을까요?

그럼 한국의 음식명에는 어떤 종류가 있을까요?
2022년 1,043개의 한국 음식명을 분석한 결과에

> 정한데로, 백정옥(2022), 한국 음식명에 관한 형태론적 고찰,
> 《언어사실과 관점》55, 연세대학교 언어정보연구원, 187-222.

의하면, 가장 많은 음식 이름은 '무침류(10.3%)'였고,
그다음은 국(9.4%) 〉 구이(8.3%) 〉 김치(7.3%)의
순이었다고 합니다.

순위	종류	비율	음식
1	무침	10.3%	가지무침, 오이무침, 콩나물, 고사리나물,
2	국	9.4%	콩나물국, 미역국, 육개장, 김칫국
3	구이	8.3%	갈비구이, 곱창구이, 새우구이, 오리구이
4	김치	7.3%	배추김치, 갓김치, 보쌈김치, 열무김치
5	전	5.7%	감자전, 고추전, 호박전, 모둠전
6	밥	5.5%	김밥, 비빔밥, 보리밥, 국밥,
7	탕	5.5%	설렁탕, 삼계탕, 매운탕, 갈비탕
8	찜	5.3%	계란찜, 갈비찜, 꽃게찜, 매운닭찜
9	조림	4.6%	두부조림, 멸치조림, 감자조림, 연근조림

(표가 뒤쪽에 계속됩니다)

순위	종류	비율	음식
10	회	4.3%	생선회, 모둠회, 물회, 홍어회
11	국수	4.0%	콩국수, 칼국수, 비빔국수, 메밀국수
12	볶음	4.0%	김치볶음, 떡볶이, 순대볶음, 제육볶음
13	죽	3.8%	호박죽, 팥죽, 야채죽, 전복죽
14	찌개	3.7%	된장찌개, 김치찌개, 순두부찌개

    음식 이름의 분석만으로 한국의 모든 음식을 살펴보았다고 할 수는 없지만, 음식의 이름이 많다는 것은 그만큼 해당 음식의 종류가 많다는 것을 의미합니다. 우리는 이러한 분석을 통해 한국 사람들이 주로 어떤 음식을 먹는지 알 수 있습니다.
한국 사람들은 '밥', '국', '김치'와 함께 '무침'과 '구이', '찜' 위주의 음식 문화를 가졌다는 것을 확인할 수 있습니다.

<u>그렇다면 한국 음식의 이름은 어떤 구조로 이루어진 것일까요?</u> 그건 음식의 이름에 포함된 요소를 살펴보면 알 수 있습니다. 음식명의 90.8%는 음식의 '재료'입니다.

<small>맹주억(2014), 한국 음식명 중의 비명시적 정보,《한국어학》62, 한국어학회, 223-261.</small>

'보리, 콩, 배추, 호박'을 재료로 만든 요리가 [보리밥], [콩나물], [배추김치], [호박죽]입니다. 거의 모든 음식명에 재료 정보가 포함되기 때문에 우리는 낯선 음식의 이름을 들었을 때 가장 먼저 음식의 재료를 떠올리게 됩니다. 그래서 [칼국수]나 [주먹밥]에 혹시 '칼'이나 '주먹'이 들어간 것은 아닐지 상상하게 되는 거지요. [칼국수]나 [주먹밥]은 요리 도구나 요리 방법과 관련된 이름입니다.

다음은 밥, 나물, 김치, 국수, 찌개와 같은 음식의 '종류' 정보가 54.7%, 조림, 구이, 볶음, 찜과 같은 '조리 방법'이 26.5%, 생, 냉, 매운, 맑은, 토종과

같은 음식의 '상태' 정보가 18.4%, 그리고 '가공법'인
비빔, 무침, 쌈, 말이 등이 14.1%라고 합니다.
이를 토대로 일반적인 한국 음식의 이름 구조는
'재료+상태+가공법+음식 종류'로 형성된다는 것을

> 최정진(2015), 음식 문화의 언어학적 연구 가능성 모색,
> 《한국언어문화》 58, 한국언어문화학회, 347-261.

알 수 있습니다.

한편 [돌솥밥]에는 조리 '도구'인 '돌솥'이,
[전주비빔밥]에는 '전주'라는 특정 '지역'이,
[매운갈비찜]에는 맵다는 '맛' 정보가 포함되어
있습니다. 또 '전통, 원조, 한방'과 같은 '기원'에
관한 정보도 음식 이름에 들어있습니다. [치맥]이나
[불낙전골]은 '치킨과 맥주', '불고기와 낙지 전골'을
줄여서 만든 이름입니다. 이처럼 지금의 한국 음식
이름은 분류를 위한 기준을 마련하기조차 어려울
정도로 다양해졌습니다.

사실 1980년대까지 한국의 음식은 단조로운
편이었습니다. 밥', '국', '김치'와 함께 '무침'과

'구이', '찜' 위주의 음식 문화가 일상적이었습니다. 그런데 1990년대부터 음식의 종류가 폭발적으로 증가했습니다. 이는 도시화로 인한 인구의 이동과 세계화에 따른 외래 음식의 유입, 그리고 조리 도구의 발전과 외식업의 발달 때문입니다. 또 과거에는 해당 지역에 가야만 향토 음식을 먹을 수 있었는데, 이제는 전국 어디에서나 먹을 수 있게 되었지요. 포장 기술과 운송의 발전으로 이제는 뉴욕에서도 금방 만든 듯한 한국 [김밥]을 먹을 수 있다니 정말 행복한 일이 아닐 수 없습니다.

끝으로 [할머니뼈해장국]의 이름은 어떻게 만들어진 것인지 알아봅시다. 우선 만든 사람인 '할머니'와 '요리 재료'인 '뼈', 그리고 '해장'의 '기능'으로 만들어진 '국'이라는 정보가 명칭에 들어있습니다. 이를 모아보니 [할머니뼈해장국]은 할머니가 해장을 필요로 하는 사람을 위해 요리 재료인 뼈(돼지)를 이용하여 만든 국이라는 의미이군요. 오랜 요리 경력을 가졌을 할머니가 해장이 필요한 사람을 위해 뼈를 오랫동안 끓여 국을 만들었다니, 이 음식을 먹으면 안 좋았던 속이 확~ 풀릴 것 같습니다. 이제 [할머니뼈해장국]을 보고 요리 재료로 할머니를 떠올리는 사람은 없을 겁니다. 이 글을 읽었으니 아마도 할머니의 사랑을 느끼는 음식이 되지 않았을까요?

더 알아보기 04

　인터넷에 떠도는 짧은 영상 중에 '이탈리아 사람들을 화나게 하는 방법'이라는 제목의 영상이 있습니다. 영상 속 인물은 이탈리아 식당에서 파스타를 주문한 뒤, 보란 듯이 케첩을 마구 뿌려 먹습니다. 이를 지켜보던 이탈리아 사람들은 믿을 수 없다는 듯, 어이없는 표정을 짓습니다.

　이 영상은 가벼운 장난처럼 보이지만, 실은 이탈리아 사람들의 음식에 대한 애정과 자부심을 보여주는 사례라고 할 수 있습니다. 이탈리아 사람들에게 음식은 단순한 식사가 아니라, 세대를 이어온 문화이고, 삶의 방식이며, 존중의 표현입니다. 그래서 파스타에 케첩을 마구 뿌리는 행동에 대해 이탈리아 사람들이 보인 반응은 불쾌함보다는 자신들의 음식 문화에 대한 애정과 자부심의 표현이라고 할 수 있습니다.

　음식에 대한 이탈리아인의 자부심은 어릴 때부터 시작됩니다. 아이들이 학교에 입학하면 공교육에서 '에듀잇(Edueat)''이라는 프로그램을 실시하여 체계적인 미각 표현 교육을 실시하거든요. 어릴 때부터 음식의 맛, 향, 질감 등을 오감으로 느끼고, 이를 언어로 표현하는 방법을 배우는 것입니다. 미각을 체험하고 언어로 표현하는 과정은 단순한 식사 예절 교육이 아닙니다. 음식 문화에 대한 기억과 내면화 교육입니다. 어릴 때부터 자신의 미각을 세밀하게 인식하고, 그 경험을 다른 사람과 나누는 능력을 키우는 것이 바로 이탈리아 사람들이 음식에 대해 가지는 깊은 애정과 자부심의 기초가 된답니다.

한국의 음식 문화도 이탈리아 못지않게 풍부하고 다양합니다. 음식에 대한 언어 표현은 또 어떻고요?

새콤, 새콤새콤, 새콤하다, 새콤새콤하다, 새콤달콤, 새콤달콤하다,
새큼, 새큼새큼, 새큼하다, 새큼새큼하다, 새큼달큼, 새큼달큼하다,
새큼히, 새큼새큼히, 새크무레, 새크무레하다, 새곰, 새곰새곰, 새곰하다,
새곰새곰하다, 시큼, 시큼시큼, 시큼새큼, 시큼하다, 시큼시큼하다,
시큼씁쓸, 시큼씁쓸하다, 시크무레, 시크무레하다, 시큼덜큼,
시큼털털, 시큼덜큼하다, 시쿰, 시쿰시쿰, 시쿰하다, 시쿰시쿰하다,
시쿰털터루하다, 시굼, 시굼시굼, 시굼하다, 시굼시굼하다,
시굼털터루하다, 시금, 시금시금, 시금하다, 시금시금하다, 시금떨떨,
시금떨떨하다, 시금뻘적하다

이상은 '시다(sour)'를 표현할 수 있는 한국어 미각 어휘입니다. 총 49개로 모두 사전에 등재된 것들입니다. 하나의 맛을 표현할 수 있는 어휘가 이렇게 많다는 것은 음식이 주는 미묘하고 섬세한 차이를 구분하고 설명할 수 있다는 것을 말해줍니다. 김치만 해도 그렇습니다. 지역과 계절, 재료에 따라 수십 가지 맛의 변주가 존재하고, 찌개나 장류의 깊은 풍미 또한 세계적으로 유례를 찾을 수 없을 만큼 다양합니다. 그러나 이러한 감각적 경험을 언어로 표현하고 기억하며 전승하는 교육은 아직 부족합니다. 우리도 어린이들이 음식을 제대로 '느끼고', '이해하고', '표현할 수 있는 능력'을 키우도록 도와야 할 것입니다. 그것이 우리 아이들의 자기표현 능력과 정서 표현 능력을

성장시킬 바탕이 될 테니까요.

- https://edueat.com/

만든 사람인 '할머니'와 '요리 재료'인 '뼈', 그리고 '해장'의 '기능'으로 만들어진 '국'이라는 정보가 명칭에 들어있습니다.

"다음이 궁금해 죽겠다고요?"

2

말하지 않아도 아는 말

좋은데 왜 죽을까?

얼마 전 결혼식을 한 후배를 만나 신혼 생활이 어떤지 물었습니다. 그랬더니 "좋아 죽죠~"라고 대답합니다. 이 말을 듣고 있던 외국인 친구가 묻습니다.

"좋은데 왜 죽어요?"

그러네요. 좋으면 더 잘 살아야지 왜 죽을까요?

한국 사람들은 [죽다]라는 표현을 정말 많이 씁니다. 이뻐서도 죽고, 기뻐서도 죽고, 귀여워서도 죽고, 웃겨서도 죽고, 미워서도 죽고, 졸려서도 죽고, 심심해도 죽습니다. 힘들어도 죽고, 바빠서도 죽고, 속상해서도 죽고, 배고파서도 죽습니다. 친한 사이에는 서로 죽고 못 산다고 하고, 친구가 멋진 옷을 입고 오면 죽여준다라고 합니다. 힘들 때는 죽는소리를 하며,

죽었다 깨어나도 못한다고 하고, 그런 일은 죽기보다 싫다고 합니다. 화가 나면 죽자고 덤비고, 재미있는 일에는 죽을힘을 다해서 하며, 죽어도 좋다고 말합니다. 그리고 정말 힘들면 죽는소리를 하며 죽을 지경이라고, 사는 게 죽을 맛이라고 합니다. 잘못을 하면 죽은 듯이 조용히 하고, 각오도 죽을 듯이 합니다. 이 정도면 한국 사람들이 살아있는 게 기적입니다.

 사전을 찾아보면 [죽다]는 '생명이 없어지거나 끊어지다'라고 정의합니다. 그런데 사전의 의미를 쭉 살펴보면 가장 아래에 [죽다]가 형용사로 쓰이는 경우에 대해 설명합니다. 앗! [죽다]는 동사인데, 형용사로 쓰이는 경우가 있군요. 형용사로 사용되는 [죽다]는 '앞말이 뜻하는 상태나 정도가 매우 심함을 나타내는 말'입니다. 그러니까 한국 사람들이 자주 사용하는 [죽다]의 의미는 정말 숨이 끊어지는 것이 아니라 정도가 매우 심함을 나타내는 강조의 의미였습니다.

 사실 일상 대화에서 한국 사람들이 [죽다],

[죽는다], [죽겠다]라는 표현을 사용할 때는 '없어지다', '사라지다'라는 기본 의미보다는 '강조'의 의미로 사용하는 경우가 더 많습니다. 그리고 [죽다]라는 표현은 말하는 사람이 자기 자신에 대해 이야기할 때 주로 사용합니다. 왜냐하면 [죽다]라는 어휘의 '죽음'이 가지는 부정적인 느낌 때문에 타인에 대해 [죽다]라고 말하면 부담스럽기 때문입니다. 그런데 자신의 상황에 대해 [죽다]라고 하면 이러한 부담이 줄어듭니다.

또 한국 사람들이 강조의 의미로 [죽다]를 사용할 때는 가벼운 느낌으로 말하는 경향이 있습니다. 이는 자신의 상황이나 자신의 이야기에 공감을 바라거나, 단순 반응 또는 가벼운 농담으로 인식되기를 바라면서 사용한답니다.

<small>김현지(2019), 한국어 일상 대화에서 '죽다'의 실현 양상 연구, 《어문학》 143, 한국어문학회, 107-135.</small>

정말 없어지거나 사라지고 싶어서 하는 말이 아니라, 자신의 상황을 강조하고 싶은 마음에서 하는 표현이랍니다. 그리고 이런 표현들은 가까운 사이에서 허용되지, 공식적이고 격식이 있는 자리에서는 쓰지 않습니다.

그런데 '강조'의 의미로 가볍게 쓰이는 경우 말고 [죽다]가 강하게 사용되는 경우도 있습니다. 바로 '상대편에게 으름장을 놓거나 위협하는 말'로 사용되는 경우입니다. 이때는 [죽다]의 대상이 '나' 자신이 아니라 상대인 '너'를 의미합니다. 바람직한 경우는 아니지만, 마음에 들지 않는 상대를 만나 말다툼을 하거나 겁을 줄 때 사용합니다. "죽여버리겠어!", "너 오늘 죽었어!", "너 죽고, 나 죽자!" 이런 표현은 이미 말의 톤이나 감정의 세기가 평범한 대화 수준을 넘어선 경우가 많습니다. 이와 같은 발언은 분노나 위협의 감정이 강하게 실려있기 때문에 듣는 사람에게 불쾌감이나 두려움을 줄 수 있습니다. 실제로 목숨을 해치겠다는 의도가 없다고 하더라도, 상황에 따라서는 폭력적인 언어로 인식될 수 있습니다.

특히 외국에서 "I'll kill you"와 같이 '죽여버리겠다', '죽이겠다', '죽자'라는 한국식 표현을 그대로 번역하여 발언할 경우, 문제가 될 수 있습니다. 심한 경우, 외국은 물론 한국에서도 협박이나 살해 위협, 살인예비죄 등으로 처벌을 받을 수 있습니다.

그러나 이렇게 극단적인 위협의 표현 말고 "죽을래?", "죽고 싶어?"를 가벼운 경고성 의미로 사용하기도 합니다. 갑자기 위험한 상황이 닥치거나 놀라는 일이 생길 때, '경고'하거나 '걱정'의 표현을 반어적으로 나타내는 경우입니다. 이 역시 실제 죽이겠다는 의미는 아닙니다. 상대를 생각하는 마음을 실어서 강하게 표현하는 것입니다. 드라마에서 여자가 갑자기 위험한 상황에 빠질 때, 남자가 도와주면서 이렇게 말합니다. "죽고 싶어요?" 그러면 여자의 눈에서 하트가 나옵니다. '어머~ 이 남자, 나를 많이 걱정하는 것 같아. 나를 좋아하나?'

사실 한국 사람들은 [죽다]의 기본 의미이자 진짜 [죽음]의 뜻으로 [죽다]라는 표현을 해야 할 때는 오히려 [죽다]란 말을 사용하지 않습니다. 기본 의미로서 [죽다]는 주로 동식물이 죽었거나, 사물의 가치가 떨어졌을 때 비유적으로 사용합니다. '다람쥐가 죽었다', '꽃이 죽었다', '시계가 죽었다'와 같은 표현이 그러합니다. 오히려 '사람'이 죽었을 때는 [죽다] 말고 다른 어휘를 사용하는 경우가 많습니다.

　사람이 죽었을 때 활용하는 어휘로는 [돌아가다], [돌아가셨다], [사망하다], [운명하다], [영면하다], [작고하다], [별세하다], [서거하다], [타계하다], [승하하다], [입적하다], [선종하다], [소천하다] 등이 있습니다. 이 어휘 중 [돌아가다], [돌아가셨다]를 빼고는 모두 한자어 표현입니다. 이 표현들은 사용에 있어 조금씩 차이가 있습니다. [돌아가다], [돌아가셨다], [운명하다], [영면하다], [작고하다], [별세하다]라는 말은 윗사람의 죽음을 말할 때 사용합니다. 왕이나 황제의 죽음에는 [승하하다]를, 대통령의 죽음은 [서거하다]라고 합니다. 불교에서는 [입적하다], 가톨릭에서는 [선종하다], 개신교에서는 [소천하다]라고 합니다.

　그리고 단어로 죽음을 표현하는 방법 말고, 관용구나 우회적인 표현을 사용하기도 합니다. [눈을 감다], [숨이 넘어갔다], [하늘로 갔다], [별이 되다], [생을 마치다], [잠들다], [목숨이 다하다], [명이 다하다], [명줄이 끊어지다], [흙으로 돌아가다], [가슴에

묻다], [저승에 가다], [세상을 떠나다], [저세상에 가다],
[청산에 묻히다], [북망산에 가다], [황천에 가다],
[숟가락을 놓다] 등은 모두 사람의 죽음을 의미합니다.
그리고 죽음을 속되게 표현하기도 하는데, [골로 가다],
[꼴깍하다], [뒈지다], [팍 꼬꾸라졌다] 등이 있습니다.

　죽음은 인간에게 가장 큰 두려움입니다. 한국
사람들은 실제 죽음에 대해 직접적으로 이야기하는
것을 불길하게 여겼고, 재앙이 온다고 생각했습니다.
그래서 죽음에 대해 우회적이고 간접적으로 표현하는
것을 선호한답니다. 죽음을 마주하는 인간의 두려움과
슬픔, 그리고 죽은 사람을 향한 배려의 마음을 담은
것이 간접 표현 방식입니다. 비속한 표현마저도
죽음을 직접 거론하기보다는 우회적으로 표현합니다.
이런 마음은 반려동물이 죽었을 때 '무지개 다리를
건너다'라고 표현하는 것으로도 확인할 수 있습니다.

　한국 사람들은 왜 죽음을 [돌아가다]라고 표현하는
것일까요? 'go back'이나 'return' 하기 위해서는 목적지가 있어야 할 것 같은데 한국 사람들은 죽어서 도대체 어디로 간다고 생각하는 걸까요? 그 이유는 언어에서 찾을 수 있습니다.

우선 사람이 죽으면 무덤에 들어가게 되므로 '흙으로 돌아간다'라고 합니다. 이는 '청산'이나 '북망산'과 같이 산에 묻히는 것이고, 속된 표현이지만 '골로 가다'라는 표현의 '골'로 가는 것입니다. '골'은 '골짜기'를 의미합니다. 죽으면 산과 골짜기의 무덤, 즉 흙으로 간다는 것을 의미합니다.

두 번째는 이 '세상을 떠나' '저세상에 간다'는 표현의 '저세상', '저승', '황천' 등을 통해 추측할 수 있습니다. '황천'은 죽은 뒤 영혼이 가는 세상입니다. 그럼 죽은 사람들이 가는 세상은 어디일까요? 그건 '하늘에 가다', '별이 되다'라는 표현을 통해 알 수 있습니다. 사람이 죽으면 관에 담습니다. 한국에서는 관의 바닥을 [칠성판(七星板)]이라고 부릅니다. 이는 북두칠성을 의미합니다. 그리고 마치 죽은 자가 가야 할 곳의 주소를 적듯 관의 바닥에 일곱 개의 구멍을 뚫었습니다. 그러니까 사람이 죽어서 가는 공간은 현실적인 의미의 산과 골짜기의 흙이요, 두 번째는 영혼이 가는 상상의 공간인 저세상, 하늘입니다.

그런데 가장 마음에 아픈 공간은 바로 '가슴에 묻다'라는 표현에서 나타납니다. 이 말은 주로 자식이 죽었을 때 부모가 쓰는 표현으로, 죽은 사람이 가는 세 번째 공간을 상징합니다. 그곳은 바로 사람의 마음입니다. 비록 사랑하는 사람은 떠나지만 살아있는 사람은 떠난 사람에 대한 기억을 잊을 수 없습니다. 살아있을 때보다 더 생생하게 기억합니다. 그 기억은 기억하는 자가 죽어야만 잊히며, 살아있는 다른 사람이 이어갑니다. 이처럼 한국 사람들이 말하는 죽어서 돌아가는 공간은 바로 물리적 공간인 흙과 상상의 공간인 하늘, 그리고 사람의 마음인 기억의 공간입니다.

민속학에서는 '돌아가다'의 의미를 현세와 내세의 순환적 전통 인식으로 봅니다.

이을상(2003), 죽음의 성찰: 한국인의 죽음관, 영혼관, 신체관, 《철학논총》 32, 새한철학회, 437-460.

한국 사람들은 현실에 살고 있지만 죽음을 가까이
여겼습니다. 옛날에는 각종 재해와 전쟁, 빈곤과 열악한
의술 환경 등으로 너무 쉽게 가족과 이웃이 목숨을
잃었습니다. 이를 그저 지켜볼 수밖에 없었던 한국
사람들은 죽음이 또 다른 세상으로 이어지는 다리라고
생각했습니다. 비록 육신은 기능을 멈추지만, 영혼은
다른 세상으로 가서 살게 된다고 생각한 것입니다.

옛날에는 다른 사람에게 첫아들을 소개할 때
"이놈이 내 맏상제요"라고 했습니다. '맏상제'는 부모나
조부모가 죽어 장례를 치를 때 중심 역할을 하는
사람입니다. 산 사람을 소개하면서 죽음을 이야기하는
것은 삶과 죽음이 따로 존재하는 것이 아니라 서로
영향을 미친다고 생각한 것에서 비롯됩니다.
삶과 죽음은 필연적으로 맞닿아 있기에, 한국 사람들은
살아가면서도 죽음을 이야기하고, 죽은 뒤에도 삶에
영향을 미쳤습니다.
비록 사람은 없지만 죽은 이를 기리며 제사를 지내고,
그 존재가 계속 삶 속에 머물도록 하거든요.
이처럼 죽음을 불길하게 여겨 금기하면서도, 죽음의

표현을 자주 사용하는 한국 사람들의 모순된 행동은, 어쩌면 삶에 대한 강한 애착을 드러내는 역설적 증거가 아닐까요?

더 알아보기 05

　[죽다]의 반의어는 [살다]입니다. [죽다]와 [살다]는 공존할 수 없는 상태를 나타내지만, 인간의 일생은 이 둘을 연결하고 있습니다. 불교에서는 윤회(輪廻)라고 하여 인간은 삶과 죽음을 되풀이한다고 보았습니다. 속담에서도 '죽기 살기로', '죽을 둥 살 둥', '죽으나 사나', '죽지도 살지도 못 한다'와 같이 두 어휘가 쌍으로 나타납니다.

　국어사전에서 [살다]는 '생명을 지니고 있음'이라고 정의합니다. 생명은 소중한 것입니다. 생명이 없는 것은 죽음이고, 죽음은 다른 말로 [숨지다]라고 합니다. [숨지다]의 [숨]은 호흡을 의미합니다. 인간은 살기 위해서는 숨을 쉬어야 합니다. 인간의 호흡을 '숨 쉬다'라고 합니다. [숨결]이라는 말은 숨을 쉴 때의 상태를 말합니다. [살다]와 [숨]은 서로 관련된 말입니다. 숨을 쉬지 않으면 죽은 것입니다. 따라서 [숨지다]는 호흡이 '지는 것', 즉 호흡이 '떨어지고 멈추는 것'을 말합니다. 호흡은 코와 목 그리고 폐가 관여합니다. 코로 마신 숨은 목을 통해 폐로 넘어갑니다. 그래서 [목숨]은 숨을 쉴 수 있는 살아있는 힘을 나타냅니다.

　사람이 숨을 쉬고 살아가는 것을 [삶]이라고 합니다. [삶]도 [살다]에서 만들어진 어휘입니다. [사람]은 어떤가요? [사람]은 '살+옴'으로부터 시작되었다고 보는데, 이 역시 [살다]에서 파생된 말입니다.* [살림살이]는 사람이 한 집안을 이루고 살아가는 생활이나, 숟가락, 밥그릇, 이불 따위의 살림에 쓰는 세간을 이릅니다. 이 [살림살이]에는 [살다]가 두 번이나 들어갑니다. 우선 '살림'의 '살'과 '살이'의 '살'은 모두 [살다]에서 온 말입니다. 한편 '~살이'라는 표현은 사람의 생활과 관련된 여러 어휘에 관여합니다. [세상살이], [타향살이], [셋방살이], [종살이], [감옥살이] 등 많은 말을 만들어냅니다. 이처럼 [살다]도 죽음 못지않게 한국 사람들의 일상 언어에서 다양하게 활용되고 있음을 확인할 수 있답니다.

• 천소영(2007), 《우리말의 문화 찾기》, 한국문화사.

앗! [죽다]는 동사인데,

형용사로 쓰이는 경우가 있군요.

형용사로 사용되는 [죽다]는 '앞말이 뜻하는 상태나

정도가 매우 심함을 나타내는 말' 입니다.

"어, 그럼 부름말은 무슨 말?"

저기요, 시간 있어요?

　모르는 이성에게 호감을 표현하고 관심을 끌기 위해 하는 말을 '작업멘트(pick-up line)'라고 합니다. 사전에 있는 말은 아닌데, 여기서 '작업'은 이성에게 관심을 유도할 수 있는 전략을 의미하며, '멘트'는 문장이나 표현을 말합니다. 그런데 요즘 젊은 사람들은 '작업멘트'보다 호감을 표현하는 말이나 행동, 태도 등을 모두 포괄하여 '플러팅(flirting)'이라는 말을 많이 하더군요.

　영화 《라라랜드(La La Land)》에서 여자 주인공이 "Hi, Do you remember me?(안녕? 혹시 나를 기억해?)"라며 남자 주인공에게 다가가는데, 사실 두 사람은 처음 본 사이입니다. 이 문장의 '기억해(remember)'는 실제 기억의 여부를 묻는 것이 아닌, 말을 걸 수 있는 명분을 만들기 위한 장치입니다. 인간은 낯선 존재의 접근에 대해 본능적으로 경계심을 갖습니다. 이때 중요한 것은 그 경계를 어떻게 자연스럽게 넘길 수 있느냐 하는 점입니다. 긴장감이 높은 낯선 이와의 첫 만남에서 마치 예전에 만났던 것처럼 대화를 유도하고, 심리적 거리감을 줄이려는 '작업멘트'이자 '플러팅'이 바로
"Hi, Do you remember me?"입니다.

한국의 대표적인 '작업멘트'는 "저기요, 시간 있어요?"입니다. 이 말은 낯선 이에게 다가가며 호감을 확인하는 표현입니다. '시간'이 있는지 묻지만 사실 시간은 중요한 게 아닙니다. 말하는 사람이 마음에 든다면 없던 시간도 생길 것이고, 마음에 안 든다면 한가하여도 시간은 없을 테니까요.

그런데 이 문장의 부름말은 왜 [저기요]일까요? '저기'는 장소를 가리키는 말입니다. 말하는 사람과 멀리 떨어져 있는 장소를 이야기할 때

사용합니다. '저기 남산이 보인다', '저기요, 저기가 경복궁이에요'처럼 사용합니다. 그런데 '저기요, 시간 있어요?'는 멀리 있는 장소를 묻고 있는 것일까요?

[저기요]는 '저기+요'로 이루어진 말입니다. 이때 [저기]는 세 가지의 다른 쓰임이 있습니다. 하나는 우리가 잘 아는, 멀리 있는 장소를 가리키기 위한 지시용이고, 다른 하나는 감탄사로 쓰이는 경우입니다. 생각이 잘 나지 않거나 말을 꺼내기가 거북할 때 '저기, 그게 뭐였지?', '저기, 혹시 김 선생님이 아니십니까?'처럼 사용합니다. 끝으로 감탄사이지만 사람을 부를 때도 사용합니다. 아마 여러분은 식당에서 종업원을 부를 때, '여기요!' 혹은 '저기요!'라고 말한 적이 있을 것입니다. 이렇게 무언가를 부를 때 사용하는 말을 '부름말'이라고 합니다. 그러니까 작업멘트 속 '저기요'는 부름말로 사용된 경우입니다.

일반적으로 부름말은 호칭어를 활용합니다. '엄마, 형, 언니, 여보, 이모, 삼촌, 자기야' 등과 같이 사회적 관계에 따른 호칭이나, '기사님, 선생님, 목사님, 사장님, 경찰관님' 등과 같은 직업이나 사회적 지위에 따른 호칭, 그리고 '○○아, ○○야'와 같이 이름을 부르는 호칭이 있습니다. 보통 외국인들이 한국어를 배울 때 어려워하는 부분이 바로 부름말의 바탕이 되는 호칭어입니다. 한국어의 호칭은 사회적 관계나 지위, 성별, 연령, 직업 등 여러 사항에 따라 바뀌기 때문에 이를 구분하는 데 어려움이 따릅니다. 그런데 마땅히 부를 말이 떠오르지 않거나 누군가를 특정할 수 없을 때는 '아줌마, 아저씨, 어르신, 꼬마야, 학생, 젊은이, 여러분' 등과 같은 부름말을 사용합니다. 바로 이러한 미지칭 부름말에 '저기요, 여기요'가 있답니다.

"여기요, 주문할게요~"
"저기요, 주문할게요~"

식당에서 주문을 하기 위해 종업원을 부를 때 여러분은 어떤 부름말을 선호하나요? [여기요]와 [저기요]는 장소를 말하는 게 아니기 때문에 가까이 있는 종업원이나 멀리 있는 종업원을 부르는 용도는

아닙니다. 그렇다면 이 둘은 어떤 특징과 차이가
있을까요?

   연구에 의하면 나이가 적을수록 [저기요]를,
많을수록 [여기요]를 선호하며, 30대, 40대는 양쪽을
비슷하게 사용한다고 합니다.

<small>국립국어원(2015), 《대도시 지역 사회 방언 조사》.</small>

 그리고 남성은 [저기요]를, 여성은 [여기요]를 조금 더
사용한다고 하니, [여기요]와 [저기요]는 나이와 성별에
따른 선호 차이로 판단됩니다.

<small>심주희(2023), 식당 내 호칭 '여기요', '저기요'를 대상으로 한
사회언어학적 변이 연구, 《담화와 인지》 30, 담화·인지언어학회,
53-78.</small>

그런데 [여기요]와 [저기요]에는 어떤 기능적 의미가
숨어있답니다.

   우선 식당에서 사용되는 [여기요]의 경우, 말하는
사람의 자리인 '여기'로 오라는 의미가 담겨있답니다.
즉 '이 자리로 와서 주문을 받거나, 요구 사항이 있음'을
전하려는 의도를 가집니다. 그리고 이때는 일종의

친근감을 드러낸다고 보는데, 그것은 나의 공간에 너를 '초대'한다는 뜻입니다. 즉 [여기요]는 요구만을 위해서 사용하는 것이 아니라, 당신을 나의 영역에 초대한다는 친근함의 의미도 들어있답니다. 때문에 [여기요]가 여성이나 연령이 높은 사람들이 선호하는지도 모르겠습니다.

한편 [저기요]는 주위를 환기하거나 부름말을 통해 집중을 유도하려는 의도를 가집니다. [여기요]가 어떤 요구를 전달하려고 한다면, [저기요]는 주의 집중의 의도가 있다는 말입니다. 딱히 뭘 요구하는 것은 아닌데, 좀 보아달라는 겁니다. 가령 어떤 모임에서 사회자가 안내 사항을 전달하고 있는데, 듣는 사람들이 집중하지 않고 자기들끼리 이야기를 하고 있다면, 사회자는 이렇게 말할 수 있습니다. "저기요, 집중 좀 해주세요." 이때 [저기요]는 주의를 환기하고 집중해달라는 의미를 가지고 있습니다.

'저기'가 지시의 의미로 쓰일 때는 먼 거리에 있는 것을 지칭하듯, [저기요]도 상대와의 심리적 거리감을 반영한답니다. 그래서 [저기요]는 처음 만난 사이나,

당신과 나는 어떠한 관계도 없었음을 나타내는
중립적인 의미를 전달할 때 사용합니다.

한때 한국 사람들은 식당의 종업원을 '이모',
'아줌마', '사장님' 등으로 부르는 것을 자연스럽게
여겼습니다. '이모'의 경우 친족어이기 때문에 친근한
느낌을 줄 수는 있지만, 말하는 사람의 입장에서는 낯선
사람을 이모라고 부르기에 부담이 아닐 수 없습니다.
그렇다고 '아줌마'나 '아저씨'라고 부르기에도 듣는
사람을 비하하는 느낌이 듭니다.
말하는 사람의 입장에서는 '사장님'이 가장 덜
부담스러운데, 이 경우에는 듣는 사람이 사장이 아닐
경우에는 이것도 부담이 됩니다.
따라서 말하는 사람과 듣는 사람 모두에게 어색하지
않은 중립적인 표현이 필요해집니다.

[저기요]는 상대방의 지위나 나이, 성별을 특정하지
않기 때문에 비교적 중립적이고 실용적인 표현입니다.
식당에서 사용하면 부름말로 인한 감정의 충돌이나
어색함을 최소화할 수 있는 것이지요. 물론 요즘에도

한국 사람들은 식당에서 '이모', '아줌마', '사장님' 등의 부름말을 사용하지만 점점 줄어드는 추세랍니다.

자, 그러면 다시 처음으로 돌아가서, "저기요, 시간 있어요?"의 [저기요]에 대한 의문이 조금은 풀리네요. 작업멘트로 사용되는 [저기요]는 특정 위치를 지시하거나, 무언가를 요구하기 위한 부름말이 아닌, 주위를 환기하기 위해 쓰인다는 것을요. 즉 낯선 공간에서 낯선 사람과 처음 만날 때 사용할 실용적이고 중립적인 부름말, [저기요]를 통해 심리적 거리감을 줄이려는 의도를 전달하는 것입니다. 그런데 요즘 MZ세대는 '저기요, 시간 있어요?'보다는 SNS 계정을 물어보는 방식을 선호(Can I follow you on Instagram?)하는 것 같습니다.

"저기요, 혹시 별스타그램 하세요?"

더 알아보기 06

    자기 자신을 친구에게 말할 때는 [나]라고 합니다. 윗사람에게 [나]를 가리킬 때는 [저]라고 합니다. [나]를 낮추어 말하는 것이 [저]입니다. [나]와 [저]는 1인칭 대명사로 의미는 같지만, 상황과 맥락에 따라 서로 교차하여 쓰입니다.

    [나]의 단짝인 [너]는 2인칭 대명사입니다. 그럼 [너]의 존칭은 무엇일까요? 그건 바로 [당신]입니다. 그런데 이 [당신]이란 말이 참 묘합니다. 분명 [너]를 높이는 말 같은데, 상황과 맥락에 따라 의미가 미묘하게 달라집니다. [나]를 낮추어 상대를 존대하는 [저]와 달리 [너]를 존대하는 것이 [당신]은 아니기 때문입니다.

① <u>당신</u>은 훌륭한 아버지입니다.
② 오늘은 <u>당신</u>이 유하를 유치원에 데려다주세요.

    ①의 [당신]은 [너]를 대신하여 쓴 말입니다. 그런데 ①은 [너]를 높이는 게 아니라 [너]에 존중의 의미가 담깁니다. 한편 ②의 [당신]은 존중의 의미는 없습니다. 대신 부부 사이에 서로를 높여 부르고자 [당신]을 사용합니다. 그럼 다음은 어떤가요?

③ <u>당신</u>, 지금 거기에서 뭐합니까?
④ <u>당신</u>이 뭔데 나한테 반말이야?

    한편 ③과 ④의 [당신]에는 존중의 의미도 없고, 나를 낮춰서 상대를 높이고자 하는 효과도 나타나지 않습니다. 대화의 상대와 친근하지 않아 보이는 ③, ④의 [당신]은 상대를 얕잡아본다는 느낌도 듭니다. 특히 ④에는 존중의 의미는 온데간데없고 무시의 감정까지 느껴집니다. 그렇다고 ③과 ④를 [너]라고 할 수도 없습니다. 그럼 서로의 감정이 더 악화될지도 모릅니다. 그래서 이런 경우 한국 사람들은 2인칭 대명사를 생략하는 전략을 활용합니다. 그래서 [당신]을 생략하고 '지금 거기서 뭐합니까?'라고 하여 [당신]이 주는 무시의 느낌을 중화시킨답니다. 이처럼 [당신]은 사용되는 상황과 맥락에 따라 그 의미가 다르게 전달될 수 있는 특징이 있습니다. 따라서 2인칭 대명사를 생략하지 않는 언어인 중국어나 영어에서 2인칭 대명사를 무조건 [당신]이라고 번역하면 어색한 상황이 될 수도 있답니다.

작업멘트로 사용되는 [저기요]는 특정 위치를 지시하거나, 무언가를 요구하기 위한 부름말이 아닌, 주위를 환기하기 위해 쓰인다는 것을요.

"저기요, 이번엔 사과예요."

미안하다는 말은 하기 힘들어

엘튼 존(Elton John)의 《Sorry Seems to Be the Hardest Word》라는 노래를 아나요? 이 노래는 사랑이 식어가는 상황에서 상대방에게 진심 어린 사과를 전하는 것이 얼마나 어려운지를 노래합니다. 살다보면 우리는 종종 작은 실수나 잘못을 합니다. 완벽한 사람은 없는 법이니까요. 실수나 잘못은 반성과 사과를 통해 관계를 회복하고, 더 나은 사람으로 성장할 기회로 만들면 됩니다. 중요한 것은 잘못을 인정하고 진심 어린 마음으로 사과하는 태도입니다.

그런데 한국 사람들은 작은 실수나 잘못에 대해 사과하지 않거나 사과를 어려워하는 경향이 있습니다. 좁은 길을 걷다가 다른 사람과 어깨가 스칠 때, 복잡한 지하철에서 타인과 발이 부딪칠 때, 한국 사람들은 겸연쩍게 바라보거나 모르는 척 지나가버리기

일쑤입니다. 서양 사람들이 'I'm sorry'라고 하거나, 일본 사람들이 '스미마셍(すみません)'이라며 바로 사과하는 것과 다른 모습입니다.

한국 사람들의 이러한 문화에 대해 호주 공영방송 SBS(Special Broadcasting Service)의 온라인 문화 정보 플랫폼《Cultural Atlas》에서는

> 호주 공영방송 SBS(Special Broadcasting Service) 온라인
> 문화정보 플랫폼《Cultural Atlas》
> https://culturalatlas.sbs.com.au/south-korean-culture/
> south-korean-culture-etiquette?utm_source=chatgpt.com

다음과 같이 설명합니다.

"한국 사람들은 예의상 하는 행동, 예를 들어 다른 사람이 지나갈 때 문을 잡아주는 경우 등에 대해 감사 인사를 건네는 일이 드물고, 거리에서 부딪히더라도 대체로 사과하지 않는다. 이러한 행동은 영어권 서양인들에게 무례하거나 예의 없게 느껴질 수 있지만, 한국 사람들은 이러한 소소한 일들을 일상생활에서 자연스럽게 겪는 일로 여기며, 별도의 반응을

보이거나 기대하지 않는 경향이 있다."

In Korea, people rarely thank one another for gestures of courtesy (e.g. holding open doors), <u>nor do they generally apologise</u> <u>if they bump into one another on the street</u>. English-speaking westerners may interpret this as being rude or disrespectful behaviour, but keep in mind that Koreans consider such minor incidents or manners to be actions that one should anticipate and expect in life.

정확한 지적입니다. 《Cultural Atlas》는 한국의 이러한 문화에 대해 나름의 설명을 덧붙입니다. 한국 사람들은 일상생활에서 발생하는 작은 실수나 잘못은 자연스러운 일로 여겨 사과를 하거나 사과에 대한 기대를 하지 않는 문화를 가졌다고 말입니다. 이 역시 맞는 말입니다. 그런데 진짜 한국 사람들은 왜 미안하다는 말을 하기 어려워하는 걸까요?

한국 사람들이 사과를 할 때 자주 활용하는 어휘는 [미안하다(sorry)]와 [죄송하다(apologize)]입니다. 사전에서는 [미안하다]를 '상대에게 마음이 편하지 않고 부끄럽다'로, [죄송하다]는 '죄스러울 정도로

미안하다'로 정의합니다. 의미만 본다면 [미안하다]보다
[죄송하다]가 더 심한 잘못이나 실수를 했을 때 사용할
것 같습니다. 왜냐하면 [죄송하다]가 '죄를 지은 것같이
미안하다'는 의미라고 했으니까요. 지나가다가 다른
사람과 어깨가 스쳤다면, 이때는 죄를 지은 정도는
아니니까 [죄송하다]는 건 좀 과하고 [미안하다]를
사용하면 되나? 이런 생각이 듭니다.

그런데 한국 사람들은 [미안하다]와 [죄송하다]를
실수나 잘못의 경중보다도 사과의 대상이 누구냐에
따라 다르게 사용합니다. 가령 나보다 나이가
많거나 사회적 지위가 높은 사람에게 말할 경우에는
[죄송하다]를, 나와 친하고 가까운 사이이거나 나이가
어린 경우에는 [미안하다]를 사용한답니다.

문금현(2009), 한국어의 고정적인 화용 표현 연구, 《국어국문학》
152, 국어국문학회, 181-217.

① 교수님, 죄송합니다. 교통사고가 났는지 차가 밀려서
늦었습니다.
② 올라, 미안합니다. 교통사고가 났는지 차가 밀려서
늦었습니다.

①과 ②는 똑같이 지각이라는 상황에 대해 사과하고 있습니다. 그런데 교수와 학생이라는 관계 때문에 서로 다른 어휘를 선택합니다. 교수는 학생에게 '미안합니다'라고 하고, 학생은 교수에게 '죄송합니다'라고 합니다. 만약 교수와 학생이 아주 친밀한 관계라면 학생이 교수에게 '미안합니다'라고 해도 되겠지만, 일반적으로는 '죄송합니다'가 어울립니다. 그런데 다음 경우를 봅시다.

　③ 대리님, 지난번에 저녁 사주신 것도 미안한데, 이번에 커피까지 사주시다니… 죄송해서 어쩌죠?

　직장 선배가 밥도 사주고, 커피도 사준 것에 대한 마음을 표현한 대화입니다. 그런데 자세히 보니 [감사하다] 또는 [고맙다]라고 표현해야 할 자리에 '미안한데', '죄송해서'라고 말합니다. 사실 '대리님'이 밥도 사주고, 커피도 사준 것은 실수나 잘못이 아닌, 감사해야 하는 상황입니다. 그런데 사과를 합니다. 여기서 [미안하다]의 정의를 다시 한번 생각해봅시다.

사전에는 '상대에게 마음이 편하지 않고 부끄러울 때' 사용하는 말이 [미안하다]라고 합니다. 그럼 상대에게 마음이 편하지 않고 부끄러운 상황은 언제일까요? 물론 실수나 잘못을 했을 때가 가장 마음이 편치 않고 부끄럽겠지만 다른 경우도 있을 수 있습니다.

가령 누군가의 도움을 받아서 큰 은혜를 입었다면, 상대방은 나를 위해 마음이든, 시간이든, 돈이든 썼을 것이고, 이는 상대에게 수고로움을 준 상황이 됩니다. 그런데 상대에게 충분한 감사와 보상을 하지 못한 상태에서 또 은혜를 입었다면 마음이 편하지 않겠지요. 이때 [미안하다]는 말을 할 수 있습니다. 또 엄마가 고생해서 자식을 키웠다면, 자식은 '엄마, 미안해'라고 말합니다. 사실 이때는 '엄마, 고마워요'나, '엄마, 감사해요'가 맞지만, 엄마가 자식을 키우며 겪은 어려움을 잘 알고 있기에 [미안하다]라고 하는 것입니다.
결국 한국 사람들의 [미안하다]에는 상대에게 수고로움을 끼친 데 대한 감사함과 고마움의 의미도 담고 있답니다.

그리고 한국 사람들은 공동체에 속한 사람들이 어려움에 처하거나 참담한 사건이 일어났을 때도 [미안하다]라고 합니다. 비록 그것이 나로 인해 발생한 사건이 아니더라도 '지켜주지 못해서 미안하다', '함께하지 못해서 미안하다'라고 말합니다. 이는 공동체가 가진 문제와 아픔에 대해 공감과 안타까움을 표현한 것이랍니다.

이처럼 한국 사람들은 내가 한 잘못이나 실수를 사과하기 위해서도 [미안하다]를 사용하지만, 공동체의 잘못이나 어려움에 관해서도 [미안하다]라고 합니다. 그리고 잘해주거나, 보살펴줌, 고마움에 대한 감사의 표현을 할 때도 [미안하다]라고 합니다.

그리고 보면 한국 사람들은 [미안하다]는 말을 자주 한답니다. 따라서 가벼운 접촉이나 일상에서 흔히 일어날 수 있는 작은 실수에 사과하지 않는다고 '한국 사람들은 사과를 하지 않는다'라고 하는 것에는 무리가 있습니다.

<u>그럼 왜 한국 사람들은 작은 실수나 잘못에 사과하지 않는 걸까요?</u> 그건 미안하지 않아서가 아니라 작은 일에는 크게 마음을 쓰지 않아서입니다. 길을 가다 넘어질 수 있는 것처럼 사람과 사람이 살다보면 작은 실수는 있을 수 있다고 생각하고 크게 개의치 않기 때문입니다.

  예를 들어 전에 제가 회의실 책상에 있던 다른 사람의 커피를 제 것인 줄 알고 마신 적이 있답니다. 사과도 못 하고 난처하게 동료를 바라보고 있었는데, "괜찮아, 한 잔 사주고 싶었는데 잘됐네." 하며 서로 웃었던 적이 있습니다. 만약 이때 제가 가볍게 '미안해~'라고 툭 던졌다면 아마 동료는 '저 친구는 마치 자동응답기처럼 사과를 가볍고 쉽게 하는군'이라고 생각했을지도 모릅니다. 한편 고개를 숙이고 큰 죄를 지은 듯 사과를 했다면 '우리 사이가 이렇게 사과할 정도로 먼 거야?'라고 생각했을 겁니다. 한국 사람들은 상대와 가깝다고 느끼면 말하지 않아도 서로 안다고 생각합니다.
아... 어렵군요. 사과를 가볍게 툭 던지면 진심이

아니라고 하고, 깊이 사과하면 가까운 사이가 아니라고 하다니요.

한국 사람들은 [미안하다]는 말에 무게가 있다고 생각합니다. 잘못이나 실수를 해서 사과를 해야 한다면 그런 말을 할 정도로 중대한 일인지 판단합니다. 가벼운 일상의 실수는 서로 그럴 수 있다고 생각하고 크게 신경 쓰지 않습니다. 오히려 [미안하다]는 말을 자주 하면 미안함이 빈말이 되고 희석된다고 생각합니다. 그래서 진심으로 사과해야 하는 상황에서 그 의미가 퇴색된다고 여깁니다. 그래서 가벼운 실수에서는 서로 이해로 넘어가지만, 중대한 실수에서는 진심을 담아 사과합니다.

결정적으로 한국 사람들은 상대방으로부터 [미안하다]는 말을 듣는 것도 불편해합니다. 그리고 큰 해를 주거나 법적 책임을 질 정도의 잘못이 아니라면 대체적으로 사과하는 사람에게 [괜찮다]라고 답해줍니다. [괜찮다]는 '별로 나쁘지 않으니 크게 신경 쓰지 말라'는 의미입니다. 이는 우리가 서로 친밀한 사이이며, 서로의 마음을 잘 알고 있기 때문에 자세히 설명하지 않아도 너의 마음을 안다는 뜻입니다. 이는 옛날 한국 사람들이 가족 단위의 공동생활을 하였기 때문에 형성된 문화입니다. 우리도 가족끼리는 자세히 설명하지 않아도 서로를 잘 알잖아요. 대신 한국 사람들은 큰 잘못이나 실수에는 진심을 담아 사과를 합니다. 그리고 이를 진심으로 받아들이는 문화가 있답니다.

그런데 요즘의 한국 사회는 옛날과 많이 달라졌습니다. 개인 생활이 늘었고, 서로를 가족이라고 생각하는 문화도 옅어졌습니다. 그래서 작은 실수나 잘못에도 인사하듯 [미안하다]라는 말을 자주 하는 문화가 형성되고 있답니다. 따라서 옛날처럼 지하철에서 발을 부딪치고 사과하지 않으면 무례하다고 생각하니 조심해야 한답니다.

더 알아보기 07

[미안하다]와 [죄송하다]는 보통 영어로 [sorry]와 [apologize]로 번역합니다. 하지만 완벽하게 같은 의미는 아닙니다. 영어의 [sorry]는 일반적인 사과를, [apologize] 공식적인 사과의 상황에서 사용하거든요.

[sorry]는 길을 가다 살짝 어깨를 스칠 때와 같이 사소한 실수에 의례적으로 인사할 때 사용합니다. 그리고 자신에게는 책임이 없지만 다른 사람의 불행을 동정할 때도 사용합니다. 가령 친구의 부모님이 돌아가셨을 [sorry]라고 위로할 수 있습니다. 이밖에 대화 도중 말을 잘못 들었을 때 되묻거나, 주의를 환기할 때도 [sorry]라고 합니다.

영어의 [sorry]와 한국어 [미안하다]는 잘못을 인정하고 사과할 때 사용한다는 점은 같습니다. 그런데 [sorry]는 개인적·사적 상황에서 사과할 때 자주 사용되고 공적 상황에서는 신중하게 사용하는 경향이 있습니다.*
예를 들어 기상 이변이나 항공기 문제 등으로 비행기가 연착되었을 때 항공사는 [sorry]라는 표현 대신 '연착되었다(Your flight has been delayed due to weather conditions)'라는 사실만 안내합니다. 항공사가 [sorry]라고 말할 경우, 문제에 대한 과실을 인정하거나 보상의 책임을 인정하는 것으로 받아들여지기 때문입니다. 그래서 항공사는 [sorry] 대신보다 중립적이고 방어적인 언어를 사용하여 법적·상업적 손실을 줄이려고 합니다.

이에 반해 한국에서는 공적인 사과 상황에서 [죄송하다]는 말을 사용하였어도 책임을 인정하거나 과실에 대한 보상을 명시적으로 약속한 것으로 보지는 않습니다. 가령 기업이 실수로 소비자에게 손해를 입힌 상황이 발생하였다면, 기업 대표는 기자회견을 통해 [죄송하다]는 발언을 합니다. 그런데 실수에 대한 책임 인정이나 보상에 대한 언급을 따로 하지 않으면 이에 대한 결정은 유보된 것으로 여겨집니다. 그래서 기자들은 꼭 '과실을 인정하는 겁니까?'라거나 '보상에 대한 책임을 지는 건가요?'라고 확인을 합니다. 이때 '그렇다'라는 발언을 하지 않고 얼버무리면 책임 소재는 불분명해집니다.

한국 문화에서 사과는 관계 유지와 예의의 표현입니다. 잘못에 대한 책임과 보상 이전에 서로에 대한 예의를 지키고 인간관계 회복을 우선시하는 한국의 문화적 특징을 반영한다고 할 수 있습니다. 즉 한국에서의 사과는 문제 해결의 출발점이기 때문에 우선 사과를 통해 관계 회복에 대한 의지를 표명한 후, 사과로 인해 발생하는 추가 조치는 따로 정의해야 한답니다.

• 연준흠(2021), 한국어와 영어의 사과 표현이 가진 언어·문화적 특성 대조 연구,《언어사실과 관점》54, 연세대학교 언어정보연구원, 227-257.

결국 한국 사람들의 [미안하다]에는 상대에게 수고로움을 끼친 데 대한 감사함과 고마움의 의미도 담고 있답니다.

"그런데 '아무거나'가 도대체 뭐죠?"

아무거나 알아서 해

　　왕어비는 중국인입니다. 한국인 여자 친구의 첫 생일을 맞아 선물을 고르려고 합니다. 그런데 어떤 선물을 해야 여자 친구가 좋아할지 고민이 되었습니다. 혹여 준비한 선물을 한국인 여자 친구가 마음에 들어하지 않으면 어쩌나 싶기도 했습니다. 그래서 직접 물어보기로 합니다. 한국인 여자 친구는 다음과 같이 대답합니다.

　"아무것도 필요 없어~"

　정말일까요? 왕어비는 아닐 거라고 생각하고 다시 물었습니다. 결국 왕어비가 여자 친구에게 얻은 답은 다음과 같았습니다.

"아무거나 알아서 해."

도대체 [아무거나]는 무엇일까요? 정말 이것저것 가리지 않는다는 의미일까요? 생일이 되었습니다. 왕어비는 길에서 예쁘고 하얀 조약돌을 주웠습니다. 그리고 손으로 만져 따뜻해진 조약돌을 생일을 맞은 여자 친구에게 주었습니다. 그다음 상황은 여러분의 상상에 맡기겠습니다.

한국 사람들은 [아무거나]라는 말을 자주 사용합니다. [아무거나]는 '아무것이나'를 일상 대화에서 사용할 때 쓰는 표현입니다. 한국 사람들에게 무엇을 먹을까 물으면 종종 '아무거나 먹자'라고 합니다. 그래서 "김치찌개?"라고 하면 아니라고 합니다. "짜장면??"이라고 물어도 아니랍니다. "냉면???"도 아닙니다. 아니, [아무거나]라면서 도대체 무엇을 말하는 것일까요? 혹시 [아무거나]라는 음식이 있는 것일까요? 음식을 고를 때 [아무거나]라고 하는 것은 가리지 않고 선택하겠다는 의미가 아닌가요?

국어사전에는 [아무]를 '어떤 사람이나 사물을 특별히 정하지 않고 이를 때'를 의미한다고 정의합니다. 즉 여러 가지 중에서 특정하지 않은, 무작위적인 선택을 한다는 말입니다. 그런데 음식을 주문할 때의 [아무거나]는 무작위적인 것이 아니라 특정한 것을 선택한다는 의미 같습니다. [아무거나]라고 말하지만 사실 생각한 것이 있는 것처럼 보이니까요.

한국 사람들이 말하는 [아무거나]에 담긴 뜻은 단순하지 않습니다. 이 말은 특정하지 않은 무작위의 어떤 것을 말하는 게 아니랍니다. 아직 생각해보지 않은, 무엇으로 할지 결정하지 못한, 선택하기 위해 생각 중에 있는, 그 어떤 것일 수 있습니다. 또 나는 생각하고 결정한 그 무언가가 있지만, 상대가 그것을 잘 헤아려주길 바란다는 의미일 수도 있습니다. 영어로 표현한다면 'Read between the lines'라고 하면 될까요? '행간을 읽어보라' 즉 표면적인 말 너머의 의미를 이해하라 뜻입니다.

이처럼 한국 사람들은 종종 자신의 의견을 에둘러

모호하게 표현합니다. '에둘러 표현한다'는 말은 직접적인 의사 표현보다는 우회적이고 간접적으로 말한다는 뜻입니다. 생일에 받고 싶은 선물이 있어도 그것이 무엇인지 직접 말하지 않고 '알아서' '아무거나' 하길 바라는 것처럼 말입니다.

한국 속담에 '엎드려 절 받기'라는 말이 있습니다. 상대는 마음이 없는데 내가 요구해서 대접을 받는 경우를 이릅니다. 한국 사람들은 엎드려 절 받는 상황을 좋아하지 않습니다. 상대가 진심을 다해 존중과 사랑의 마음으로 대접해주어야지, 상대에게 억지로 진심과 존중을 요구하는 것은 부끄러운 일이라고 생각합니다. 한국 사람들은 상대방이 나를 잘 알고 있을 거라는 애정과 믿음 때문에 자세히 말하지 않아도 '알아서' '아무거나'라고 말할 수 있는 것이랍니다. 그런데 간혹 '알아서' '아무거나'를 모든 것을 스스로 결정하라는 뜻으로 이해하고 마음대로 결정하면 어색한 상황이 발생한답니다. 왕어비가 여자 친구에게 조약돌을 선물한 것처럼요.

한국 사람들이 자주 사용하는 모호한 의사 표현으로는 '~것 같다'도 있습니다. [같다]는 불확실한 사실에 대한 추측을 의미합니다. '비가 올 것 같아요'와 같이 어떻게 될지 모르는 사실에 대해 추측할 때 사용합니다. 날씨는 자연현상이기 때문에 사람인 우리가 모르는 것은 당연합니다. 그런데 '기분이 좋은 것 같아요', '음식이 맛있는 것 같아요'와 같은 표현은 조금 자기모순적입니다. 자신의 기분을 자기가 모르면, 누가 알까요? 또 먹은 음식이 맛있는지 없는지는 먹은 사람이 가장 잘 아는 거 아닌가요? 이러한 말들은 모두 명확한 의사 표현을 하지 않는 책임회피처럼 느껴집니다. 하지만 한국 사람들은 책임을 회피하기 위해 모호한 표현을 사용하는 게 아니랍니다.

옛날 한국은 가족 단위의 공동체 사회였습니다. 그러다 보니 웬만한 일들은 자세히 설명하지 않아도 될 만큼 서로에 대해 잘 알았습니다. 서로에 대한 친밀함과 믿음은 긴 설명을 필요로 하지 않습니다. 짧은 말로도 충분히 마음을 전할 수 있습니다. 그래서 '알아서'

'아무거나'라고 해도 의사가 전달되었습니다. 또 가족 중심의 공동체 사회에서는 개인보다는 '우리'를 더 중요하게 여깁니다. 단정적이고 명확한 의사 표현은 때로는 공동체의 불화나 갈등을 야기할 수 있습니다. 그래서 한국 사람들은 자신의 의견을 뚜렷하게 드러내기보다는 공동체의 조화를 해치지 않으려는 태도를 선호하게 되었습니다. 이때 모호한 표현은 안전하고 효과적인 소통 방식이 됩니다. 결국 옛날 한국 사람들이 모호한 표현을 자주 사용한 이유는 공동체의 화합을 해치지 않으려는 배려와 조심스러움에서 비롯된 문화적 특성 때문이랍니다.

한국 사람들의 모호한 행동과 표현의 이면에는 [눈치]라는 문화가 있습니다. [눈치]는 '남의 마음을 그때그때의 상황으로 짐작하여 알아내는 것'입니다. 한국 사람들은 말을 하면서도 다른 사람과 어긋나는 의견을 내기보다는 타인의 생각을 살피는 경향이 있는데, 이것을 '눈치를 살핀다'라고 합니다. [눈치]는 다른 사람의 비위를 건드리지 않으면서 원만한 인간관계를 유지하려는 동기에서 비롯된 행동입니다.

최상진(2011), 《한국인의 심리학》, 학지사.

그러다 보니 한국 사람들은 자신의 생각을 있는 그대로 표현하는 것을 꺼리고 억제하게 됩니다. 그리고 상대가 '알아서 해주겠지'라는 기대 심리를 갖게 됩니다. 이러한 심리적 기제는 언어에도 영향을 주어 모호한 의사 표현의 형태로 나타나는 것이랍니다.

그럼 [눈치]라는 개념은 한국 사람들만 가진 특징일까요? 그렇지는 않습니다. 다른 사람의 생각이나 마음을 짐작하는 일은 인간이면 누구나 하는 행동이지요. 처음 만난 사람의 표정이나 행동을 통해 호감도를 짐작하거나, 표정을 보고 상대의 기분을 짐작하는 일은 인간이면 누구나 합니다. 다만 이러한 행동을 [눈치]라는 어휘로 개념화하고, 모호한 언어 표현으로 확장시킨 것은 한국만의 특징이라고 할 수 있습니다.

지금의 한국 사회는 가족 단위의 공동체 개념이 많이 느슨해졌습니다. 여전히 가족 중심의 사회이지만 개인화가 확대되었습니다. 사생활 개념도 강화되어 자신을 그대로 드러내는 일을 조심스러워하게 되었지요. 그래서 예전처럼 '알아서' '아무거나'라고 하면 바로 이해하지 못하는 경우가 많아졌습니다. 적절한 [눈치]는 필요하겠지만 과거처럼 모호한 표현을 선호하면 사회에 적응하기 어려워지는 세상이 되었습니다. 그래서 모호한 표현보다 자기 의견을 선명하게 표현하려는 문화가 자연스러워지고 있답니다.

이제 마무리하지 못한 왕어비의 이야기를 해야겠습니다. 생일에 길에서 주운 따뜻하고 하얀 조약돌을 받은 한국인 여자 친구는 어떤 표정을 지었을까요? 당연히 얼굴이 굳어졌겠지요. 여자 친구는 생각했답니다. 혹시 남자 친구가 자신을 무시한 것은 아닐까? 하지만 남자 친구는 외국인입니다. 당연히 자신의 말을 듣고 곧이곧대로 행동에 옮겼을 거라는 생각을 하게 됩니다. 한국인 여자 친구는 어색한 웃음을 지으며 '아무거나'의 의미를 설명했습니다. 왕어비는 그 말을 듣고 웃으며 호주머니에서 진짜 선물을 꺼냈습니다.

사실 왕어비는 '아무거나'의 의미를 조금은 알고 있었습니다. 하지만 여자 친구에게 자신은 외국인이기 때문에 한국 문화에 대해 익숙하지 않다는 점을 이해시키기 위해 조약돌을 준 것이랍니다. 깜찍한 연인입니다. 둘이 서로의 문화에 대해 열린 마음을 가지고 이해할 수 있기를 희망해봅니다.

더 알아보기 08

앞서 지하철에서 모르는 사람의 발을 밟았을 때 한국 사람들이 사과하지 않는 이유에 대해 알아보았습니다. 그런데 일본 사람들도 지하철에서 타인의 발을 밟고 사과하지 않는 경향이 있답니다. 그런데 그 이유가 한국과 사뭇 다릅니다.

사실 일본 사람들은 사과의 말을 잘하는 것으로 알려져 있습니다. 길을 가다 타인과 조금만 스쳐도 '스미마셍(すみません)'이라는 말을 합니다. 하지만 자신이 의도하지 않은, 고의성이 없는 실수에 대해서는 사과를 잘 하지 않습니다. 만약 남의 발을 밟고 '스미마셍(すみません)'이라고 하면 그건 발을 밟은 사람이 어떤 의도를 가지고 일부러 밟은 것으로 보기 때문이랍니다.* 출퇴근 시간에 일본의 지하철은 사람이 많습니다. 많은 사람이 지하철을 타면 의도하지 않게 발을 밟을 수도 있습니다. 이때는 고의가 아니기 때문에 일본 사람들은 사과할 일이 아니라고 생각합니다. 만약 사과를 하면 그건 나쁜 의도를 가지고 일부러 발을 밟고 사과하는 것으로 오해받을 수 있기 때문이랍니다.

언어를 말함에 있어 사회를 관찰하지 않으면 해당 언어 사용자들의 메시지를 정확히 파악하기 어렵습니다. 한국과 일본은 비슷한 것 같지만 서로 다른 문화적 배경을 가집니다. 한 언어는 해당 사회와 문화를 바탕으로 형성되기 때문에 이를 알아야 비로소 언어를 이해할 수 있습니다.

의사소통에 있어 가장 큰 영향을 주는 체계는 문법이 아닙니다. 문법은 해당 언어의 규칙일 뿐, 그것은 해당 언어를 사용하는 사람들의 의사소통 체계에 변화를 주지 않습니다. 의사소통에 가장 큰 영향을 주는 체계는 사회와 문화입니다. 한 사회는 공동체가 중요하게 생각하는 가치와 이상적인 사회상이 있습니다. 사람들은 이를 충족하기 위해 노력합니다. 그래서 많은 학자들은 공동체의 사회적 맥락과 문화를 연구합니다. Edward Hall(1976)은 '고맥락 문화'와 '저맥락 문화'라는 용어로, Hofsttede(1995)는 '집단주의 문화'와 '개인주의 문화'라는 용어로 인간 사회를 설명합니다. 두 용어는 서로 다른 것 같지만 비슷한 의미입니다.

한국 사회는 '고맥락', '집단주의' 문화를 가졌습니다. 이러한 문화를 가진 사람들은 상대방의 정서에 관심을 가지며, 사회관계 속에서 실현되는 사회적 가치를 중요하게 생각합니다. 그래서 개인의 생각이나 기분보다 타인의 관점이나 시각, 기분에 신경을 쓰며, 다수가 선호하는 것을 우선하고, 의리, 인맥, 인간관계 등에 민감합니다. 또 윗사람에게 예를 갖추고 겸손을 미덕으로 여긴답니다.** 이와 같은 한국 사회의 문화 속에서 한국어가 만들어지고 형성된 것이랍니다.

그럼 왜 한국 사회는 '고맥락', '집단주의' 문화를 가지게 되었을까요? 다음은 인간의 생활 방식에 따른 커뮤니케이션 양식과 사회 구조의 차이입니다.*** 한국은 '농경 정착 사회'의 특성을 가집니다. 이 자료를 참고로 다음 이야기를 시작해봅시다.

농경 정착 사회	유목 사회
주택·농지와 같은 정착 수단 중시	교통·통신과 같은 이동 수단 중시
물려받은 토지, 가축 등 귀속적 자산 중시	(전투력, 승마술과 같은) 개인 능력 중시
적응과 오래 거주할 수 있는 안정성 중시	이동 능력과 기동성, 정보 수집 능력 중시
이민족, 외부 집단에 대한 배타주의	이민족, 외부 집단에 대한 상호주의
혈연, 지연, 학연과 같은 귀속적 조건 평가	기술과 능력 위주의 개인 평가
수직적 커뮤니케이션	수평적 커뮤니케이션

- May(1993), 《Pragmatics An Introduction》, 이성범 옮김(1996), 한신문화사.
- 김귀화·왕흔·이찬규(2022), 사회적 맥락, 체면 위협 행위와 사과화행 간의 상관성에 관한 연구, 《어문연구》 114, 어문연구학회, 5-32.
- 김현주(2004), 디지털 시대의 인간관계: 한국사회에 던지는 의미, 《한국소통학보》 3, 한국소통학회, 3-37.

아직 생각해 보지 않은, 무엇으로 할지
결정하지 못한, 선택하기 위해 생각 중에 있는,
그 어떤 것일 수 있습니다.

"오, 다음 장에서 갓 지은 밥 냄새가 나요!"

3

밥으로 하는 말

밥은 먹고 다니냐?

한국 사람들은 자주 이렇게 묻습니다.

'밥 먹었어?'

'식사는 하셨어요?'

안부 인사로 밥을 먹었는지 묻는 것은 한국에서는 자연스러운 일입니다. 밥은 먹었는지, 먹었다면 무엇을 먹었는지, 맛은 어떠했는지 물으며 서로를 챙깁니다. 하지만 외국인에게 'Hey, Did you have a lunch?', 'Did you get something to eat today?'라고 물으면 도저히 이해할 수 없다는 반응을 보입니다. 내가 밥을 먹든, 말든 왜 알고 싶어 하는지 궁금해합니다. 그러면서 '내 입에서 냄새가 나나?', '내 얼굴에 음식이 묻었나?', '혹시 나에게 밥을 사주려고 그러나?' 하는 생각을 할 수도 있습니다.

밥을 먹었는지 묻는 인사말은 '한국식 인사'입니다.

한국 사람들은 서로의 끼니를 챙기고 걱정해주는
것으로 상대에게 관심을 표현하거든요.

한국 영화《살인의 추억》은 살인범을 쫓는 경찰의
이야기입니다. 경찰과 범인의 쫓고 쫓기는 추격전이
매우 흥미진진합니다. 영화의 막바지, 쫓는 자와
쫓기는 자가 모두 지친 상황에서 경찰과 살인범은
막다른 골목에 다다릅니다. 이제 경찰은 범인을 잡기만
하면 되는데 안타깝게도 확실한 증거가 없습니다.
그래서 경찰은 살인범을 놓아주어야 합니다. 다 잡은
범인을 풀어주다니…. 안타까운 이 상황에서 경찰은
살인범에게 묻습니다.

"밥은 먹고 다니냐?"

한국 사람의 밥 사랑은 끝이 없습니다. 밥을 잘
사주는 사람은 좋은 사람이고, 무슨 일을 자주 하면 밥
먹듯 한다고 합니다. 식사를 못 했을 때는 밥 구경도
못 했다고 하고, 싫은 것을 보면 밥맛없다고 합니다.

작별 인사를 할 때도 나중에 밥 한번 먹자고 하고, 일이 잘못되면 저래서 밥은 벌어먹겠냐고 합니다. 그리고 밥값을 하려면 열심히 하라고 충고합니다. 또 일은 끝까지 잘해야지 마지막에 실수해서 다 된 밥에 재 뿌리지 말라고 합니다. 혹여 잘못하면 목구멍에 밥이 넘어가냐며 혼을 내고, 그러면서 꼭 밥은 잘 챙겨 먹으라고 합니다. 심지어 살인범에게도 밥은 먹고 다니냐고 묻습니다. 이 정도면 한국 사람들은 밥을 위해 사는 것 같습니다.

인간의 다양한 문화 가운데 가장 변화가 느린 것은 음식 문화입니다. 옷도, 집도, 살림살이도 시간이 지나면 변하고 새로운 것을 받아들이는데 음식은 그렇지 않습니다. 한번 길들여진 식문화는 쉽게 변하지 않습니다. 해외여행이라도 가면 며칠만 지나도 한국 음식이 먹고 싶어지고, 잘 차려진 음식 가운데 밥과 김치가 없으면 먹어도 제대로 먹은 느낌이 안 듭니다. 아플 때는 밥이나 죽을 먹어야 하고, 스트레스를 많이 받았을 때도 한국 음식을 먹어야 좀 풀립니다.

사람들은 자신이 처한 환경에 따라 개성적인 식문화를 형성하며, 이것은 음식 섭취를 넘어 삶의 방식과 정체성을 반영합니다. 해안 지역에서는

천소영(2007), 《우리말의 문화 찾기》, 한국문화사.

생선과 해산물을 중심으로, 내륙 산간 지역에서는 육류와 산나물, 곡물을 중심으로 형성되며, 벼농사가 발달한 지역은 쌀 중심의 식단을, 밀이나 보리가 주로 재배되는 지역은 빵이나 면 요리를 중심으로 발달합니다. 그리고 공동체의 전통과 문화에 따라 조리법이 개발되면서 세대 간 전승이 이루어지고 개성적인 식문화가 형성됩니다. 이러한 맥락에서 한 사회의 음식 문화는 그 사회의 기억과 정체성이 담긴 '문화의 그릇'이라고 할 수 있습니다.

한국은 농경문화에서 태어났다고 해도 과언이 아닙니다. 한국 사람들은 아주 옛날부터 곡물과 쌀을 키웠고, 이를 주식으로 삼았습니다. [쌀]은 한자로 '米'입니다. '米'는 8을 의미하는 '八'과 10의 '十'으로

이루어졌습니다. 조합하면 '米=八+十+八' 88이 되는데, 그래서일까요? 쌀은 88번의 손길이 닿아야 결실을 얻을 수 있다고 합니다. 실제 88번의 과정을 거쳐야만 쌀이 생산되는 건 아니지만, 쌀을 키우기 위해서는 그만큼 많은 공정이 필요합니다.

쌀은 아무 곳에나 심을 수 없습니다. 쌀이 자랄 수 있는 평지의 좋은 토양이 있어야 하고, 땅을 간 후에는 물을 채워야 합니다. 수확하려면 6개월 정도의 시간이 필요하고 수시로 상태를 관찰해주어야 합니다. 그래서 한국 사람들은 한곳에 정착하여 살 수밖에 없었습니다.

쌀을 재배하려면 많은 손이 필요합니다. 자식을 여럿 낳아 대가족을 이루는 것이 유리합니다. 그래서 결혼을 한 자녀도 집을 떠나지 않고 다 같이, 또는 가족 주변에서 함께 살았습니다. 자연스럽게 윗사람으로부터 쌀을 키우는 방법을 배웠으며, 토지나 가축과 같은 귀속적인 자산을 소중하게 여겼습니다. 즉 옛날 한국 사람들의 직장은 논과 밭이었으며, 직원들은 가족이었고, 최고 책임자는 가족 내 최고 연장자였습니다. 이 때문에 가족은 직장처럼 수직적 커뮤니케이션을 가지게 되었답니다. 쌀 재배 방법은 해마다 같았고, 아이들은 옆에서 어른들이 하는 것을 보고 습관처럼 익히고, 학습하면 되었습니다.

이러한 문화 속에서 한국어가 형성되었습니다. 공동체는 가족 단위로 이루어졌기 때문에 서로를 부르는 호칭어가 발달합니다. 그리고 수직적 커뮤니케이션으로 인해 존댓말이 발달합니다. 쌀을 재배하는 일은 매년 비슷한 작업이었기 때문에 긴 설명보다는 말 한마디, 눈짓 한 번이면 무엇을 하는지 알 수 있었습니다. 또 가족 단위이기 때문에 세세히 설명하지 않아도 서로의 마음을 알았고, 공동체의 가치를 위해 화합하고 순응하며 살았습니다. 자신의 감정을 직접 말하기보다는 서로의 마음이 다치지 않게 에둘러 말하는 방법을 선호했습니다. 이처럼 현재의 한국어는 농경 사회에서 비롯된 환경적 영향을 받아 형성되었습니다.

한국인의 주식은 밥입니다. 밥은 쌀로 만듭니다.

쌀은 식물이기 때문에 자연환경의 영향을 받습니다.
자연환경은 인간이 통제할 수 없습니다. 열심히 일해도
자연재해 앞에서는 힘없이 무너집니다.

농업 기술도, 농업 생산성도 낮았던 옛날 사람들은
늘 먹을 것이 부족했고 굶는 일이 잦았습니다. 식사를
할 때가 되어도 먹을 것이 없을 때가 많았습니다.
그래서 서로의 끼니를 걱정하고 묻게 된 것이 '밥
먹었냐'입니다. 한국 사람들은 밥으로 힘을 얻고,
밥으로 위로를 삼았습니다.

밥이 곧 식사입니다. '밥 먹었냐'고 묻는 것은
단순히 식사를 하였는지 확인하는 것이 아니라,
자신의 건강과 안위를 잘 돌보고 있느냐고 묻는
것입니다. 영어에서 'How's it going?'이나 'What's
up?'과 같은 안부 인사가 '밥 먹었어?', '식사는
하셨어요?'입니다.

한국 사람들은 식사 문화도 독특합니다. 외국에서는
음식이 하나하나 따로 나오지만 한국은 모든 음식이
한 번에 차려집니다. 그리고 가족이 다 함께 둘러앉아
식사를 합니다. 혈연관계가 아니더라도 밥을 같이

먹으면 [식구]입니다. [식구]라는 말은 밥을 같이 먹는 사람이라는 뜻입니다. [가족]과 비슷한 개념이지요. 요즘에도 모임이나 단체, 직장의 동료를 '회사 식구'라고 하는데, 이건 넓은 의미의 가족이라는 뜻입니다. 그리고 [한솥밥]이라는 말도 있습니다. 이는 같은 밥을 먹는 가까운 사이라는 의미입니다. 그래서 '한솥밥을 먹는 사이'라면 [식구]나 [가족]을 의미하기도 합니다.

한국 사람들은 밥을 같이 먹는 일에도 애착을 가지고 있습니다. 사람은 밥을 먹으면서 정이 든다고 합니다. 비록 가족은 아니지만 같이 밥을 먹는 사람인 [식구]가 그래서 더 특별합니다. 멀리 떠나는 자식이 있으면 꼭 밥을 먹여서 보냈고, 반가운 사람을 만나면 밥을 먹으며 못한 이야기를 나눕니다. 서운한 일이 있을 때는 함께 밥을 먹으며 서로의 마음을 터놓습니다. 고향에 온 가족들이 돌아갈 때면 꼭 먹을 것을 싸주었습니다. 그리고 반가운 사람을 만나면 '언제 한번 밥이나 같이 먹자'라고 합니다. 이 말은 진짜 식사를 하기 위해 날짜를 정하자는 의미가 아닙니다. '밥을

먹으며 서로의 정을 나누는 기회를 갖자'는 희망을
전하는 표현입니다.

　밥은 나눔입니다. 비록 가난하여 먹을 것이
없더라도 한국 사람들은 밥을 함께 나누는 일을
행복하게 여겼습니다. 모르는 사람이 길을 물으러 집에
들어왔을 때도 마침 식사 중이면 함께 밥을 먹자고
권하고, 밥을 나누어 주었습니다. 심지어는 좋은 음식이
생기면 [고수레]라고 하여 집을 지키는 신에게 먹을
것을 떼어서 주었답니다. 이러한 마음은 꼭 사람에게만
해당되지 않습니다. 나무 열매를 수확할 때는 모든
과일을 따지 않고 [까치밥]이라 하여 새가 먹을 수
있도록 몇 개는 남겨두었답니다. 동물이 먹을 밥까지
챙겨주는 것이 한국의 식문화입니다.

　이제 한국 사람들이 왜 인사말로 밥을 먹었는지
묻고, 만나면 '밥 한번 먹자'라고 하는지 조금은 알게
되었을 것입니다. 재미있는 것이 있습니다. 한국의
엄마들은 아이들이 돈을 함부로 쓰면 이렇게 말합니다.
'땅을 파봐라. 돈이 나오나.' 한국 사람들은 돈이 땅에서

나온다고 생각합니다. 이는 땅을 갈아 곡식을 심고, 이를 키워야 재물이 생긴다는 생각이 바탕에 깔려있기 때문입니다. 그런데 영어로는 'Money doesn't grow on trees.' 신기하게도 영어 화자들은 돈이 나무에 열린다고 생각하는 것 같지요? 이 역시 그들이 사는 문화에서 언어가 만들어졌기 때문입니다.

더 알아보기 09

[가로수]는 길가에 심는 나무를 말합니다. 옛날 가로수는 은행나무가 대세였습니다. 가을만 되면 노랗게 물든 은행잎이 길 가는 사람의 발길을 멈추게 했지요. 그런데 은행나무는 열매에서 나는 독특한 냄새 때문에 불편한 점이 있었답니다. 그래서 요즘에는 [이팝나무]가 가로수로 선호되고 있습니다.

[이팝나무]는 4월 말, 5월 초가 되면 쌀알처럼 생긴 하얀 꽃이 팡팡 터지듯 피는데, 꽃이 핀 기간이 길어서 오랫동안 감상할 수 있답니다. [이팝나무]는 오염에 강한 환경정화 식물이라 미세먼지 저감에 효과가 있습니다. 또 잎은 햇볕을 차단하기 때문에 길가에 심으면 시원한 그늘을 만들어줍니다.

옛날 사람들은 쌀밥을 [이밥]이라고 하였습니다. 쌀 수확량이 적었기 때문에 [이밥]을 배부르게 먹는 게 소원이었지요. 쌀이 부족했기 때문에 쌀로만 지은 [이밥]은 먹기 힘들었습니다. 주로 쌀에 다른 곡식을 섞어서 밥을 했습니다. [이팝나무]에 꽃이 피면 마치 흰 쌀밥이 하얗게 쌓인 것 같습니다. 사람들은 [이팝나무]를 보며 [이밥]을 떠올렸습니다. 그래서 [이밥]이 열리는 나무라 하여 [이팝나무]라 이름 지었습니다. 어떤 사람은 여름이 시작되는 입하(立夏)에 꽃이 핀다고 하여 [이팝나무]가 되었다고도 합니다. 어떻게 이름이 지어졌건, 옛날 한국 사람들은 [이팝나무]를 보고 하얀 쌀밥을 떠올렸습니다.

사실 [이팝나무]에는 슬픈 사연이 있답니다. 어린아이가 죽으면 무덤 옆에 [이팝나무]를 심었거든요. 살아서 배불리 먹지 못했던 쌀밥을 죽어서라도 배부르게 먹으라는 의미였습니다. [이팝나무]에 꽃이 펴도 그것은 진짜 밥이 아니기 때문에 더 서러운 시절이 있었습니다. 어른들은 배를 곯는 아이들에게 이렇게 말했습니다. '이팝나무 꽃이 가득하니 올해는 농사가 잘될 거야.' 말뿐이지만 아이들은 이 말을 듣고 정말 가을에는 [이밥]을 실컷 먹는 꿈을 꿨겠지요?

[밥]이 들어간 옛말에는 대개 슬픈 것이 많습니다. '밥 구경을 못 했다'는 밥을 먹지 못 했다는 뜻이고, '여름 쌀밥은 꿈에만 봐도 살찐다'는 쌀이 귀해지는 여름에는 꿈에서라도 쌀을 보면 좋겠다는 희망을 담은 말입니다. '식은 밥 신세'는 초라해진 처지를 이르는 것이고, '이밥을 먹으니까 생일인 줄 안다'는 한 번 좋은 일을 겪으면 계속 그런 줄 안다는 뜻입니다. '남의 집 이밥보다 우리 집 보리밥이 낫다'는 얻어먹는 좋은 음식보다 집에서 먹는 밥이 편하다는 의미랍니다.

한자 성어인 '부중생어(釜中生魚)'는 오랫동안 밥을 짓지 못해 솥에 물고기가 산다는 뜻이고, '조반석죽(朝飯夕竹)'은 아침에는 밥을 먹지만 저녁에는 죽을 먹는 가난한 생활을 의미합니다. '십시일반(十匙一飯)'은 여러 사람이 도우면 한 사람을 구할 수 있다는 말입니다.

쌀과 밥 이야기를 길게 했습니다. 한국 사람들에게 쌀과 밥은 생명과도 같은 것입니다. 여러 어휘가 쌀과 밥으로부터 나왔기 때문에 이를 강조하기 위함입니다. 요즘 사람들은 쌀밥이 탄수화물이라 하여 건강식이 아니라고 생각하지만, 사실 한국 사람들에게 쌀과 밥은 오랜 시간 함께 해온 영혼의 단짝임이 분명합니다. 쌀 소비량이 갈수록 줄어도 우리의 언어에는 여전히 쌀과 밥 이야기가 많이 담겨있으니까요.

• 정혜경(2015), 《밥의 인문학》, 도서출판 따비.

'밥 먹었냐'고 묻는 것은
단순히 식사를 하였는지 확인하는 것이 아니라,
자신의 건강과 안위를 잘 돌보고 있느냐고
묻는 것입니다.

"마침, 맛있는 비빔밥이 나올 거예요."

비벼야 맛이다

한국의 대표 음식으로는 김치, 불고기, 비빔밥, 김밥 등이 있습니다. 이 중 [비빔밥]은 건강식이라는 이미지 때문에 채식을 즐기는 외국인들이 좋아하는 한국 음식이지요. [비빔밥]은 비행기의 기내식으로도 유명한데, 팝가수 마이클잭슨(Michael Jackson)이 기내식으로 나온 비빔밥을 먹고 비빔밥 마니아가 되기도 했답니다. 세계인의 [비빔밥] 사랑은 날로 높아지고 있습니다. 2024년 구글이 발표한 올해의 세계 최다 검색 레시피 1위가 [비빔밥]이었다니 그 인기가 어느 정도인지 알 수 있습니다.

《조선일보》, 2024.03.11. https://www.chosun.com/opinion/manmulsang/2023/12/12/KQYOPFVWCRFRJENKOYYZPKICGY

[비빔밥]은 다양한 채소가 들어가 있어 영양소를

골고루 섭취할 수 있는 '한 그릇 음식(one-bowl meal)'입니다. 시각적으로도 매력이 넘치는 [비빔밥]은 그릇에 화원을 옮겨놓은 듯합니다. 그래서 전주에서는 [비빔밥]을 '화반(꽃밥)'이라고 부르기도 한답니다.

정혜경(2015), 《밥의 인문학》, 도서출판 따비.

[비빔밥]은 밥 위에 올리는 재료에 따라 다양한 이름이 붙습니다. 고기를 넣은 '고기비빔밥', 해산물을 넣은 '해산물비빔밥', 산에서 나는 온갖 산나물을 넣은 '산채비빔밥', 또 지역에 따라 '전주비빔밥', '통영비빔밥', '평양비빔밥'까지 종류가 다양합니다.

　외국인들이 [비빔밥]을 좋아하는 이유는 음식을 먹을 때 비비고 섞는 행동이 신선하고 독특하다고 생각해서입니다. 18세기 조선 영조 때 실학자였던 이익(李瀷)은 "비빔밥(골동반)은 아무리 먹어도 질리지 않는다(骨董吾無厭)"라고 하였다니, 옛사람들도 [비빔밥]을 좋아했던 모양입니다. 옛날에는 특별한 날 [비빔밥]을 먹었습니다. 영조 때 《낙하생집(洛下生集)》을 보면 '비빔밥(골동반, 骨董飯)이 한 그릇에 600전에 달한다'는 말이 있고, 인조 때

《기재잡기(寄齋雜記)》에는 왕의 총애를 받는 이가
접대를 위해 밥과 술을 샀다는 이야기가 나오는데, 이때
접대한 밥이 비빔밥(골동반, 骨董飯)이었다고 합니다.

> 윤덕노(2021), 조선시대에는 쌀 세 가마 값? 부자들 별미에서
> 시작된 비빔밥, 《매경LUXMEN》 130, 매일경제신문사, 230-
> 231.

요즘 말로 '한턱 쏜' 음식이 바로 [비빔밥]이었던
것이지요.

지금이야 [비빔밥]이 대중적이고 일반적인
음식이지만, 옛날에는 부자들만 먹는 고급
음식이었답니다. 재료가 다양하기 때문이 아닙니다.
[비빔밥]의 재료는 주로 채소인데, 채소는 어디에서나
쉽게 구할 수 있는 것이었습니다. 그럼 무엇 때문이냐.
바로 [비빔밥]의 바탕이 되는 밥 때문이랍니다.
[비빔밥]은 고명으로 얹는 재료에 따라 이름이
달라지지만, 뭐니 뭐니 해도 재료가 잘 섞이도록 만드는
[밥]이 중요합니다. [비빔밥]의 밥은 흰 쌀밥이라야
합니다. [이밥]을 배불리 먹는 게 소원이었던

옛사람들이 어디 흰 밥에 다른 음식을 섞겠습니까. 쌀이 부족하니 어쩔 수 없이 다른 재료를 혼합해서 먹었지, 쌀이 많다면 흰 밥은 그냥 하얗게 먹는 게 제맛이지요. 그래서 [비빔밥]은 부자들이 향유하는 고급 음식이 될 수밖에 없었답니다.

[비빔밥]에 들어가는 밥은 너무 질어도, 너무 되어도 안 됩니다. 적당히 부드러워야 다른 음식과 잘 섞일 수 있습니다. 요즘에는 씻은 쌀을 전기밥솥에 넣고 버튼만 누르면 밥이 만들어지지만, 옛날에는 직접 불을 지펴 밥을 지었습니다. 쌀의 보관 상태, 물의 양, 불의 세기, 밥 짓는 솥의 종류 등 다양한 변수로 밥맛이 달라졌습니다. 그래서 밥 짓는 기술은 한 번에 익힐 수 없었습니다. 오랜 기간 부엌 생활을 하며 눈과 손, 경험으로 배웠습니다. 그리고 먹는 사람의 기호에 맞추어 정성을 다해 불을 조절하고 뜸을 들여 만들었습니다.

밥을 지을 때는 불 조절을 잘해야 합니다. 불이 세면 타버려 탄 밥이 되고, 불이 약하면 익지 않은 [선밥]이 됩니다. 불 조절을 잘못하면 맨 아래는 타고, 위는 익지 않는 [삼층밥]이 되고, 물이 많으면 [진밥]이 되며, 물이 적으면 [된밥]이, 물이 더 적으면 [고두밥]이 됩니다. 그리고 찬밥을 더운밥 위에 얹어 찌거나 데우는 것을 [되지기]라고 하고, 찬밥에 물을 조금 치고 다시 무르게 끓이면 [중둥밥]이 됩니다. 또 기호에 따라 한 번에 두 가지 밥을 지을 수도 있답니다. 솥 안에 언덕처럼 구획을 주어 한쪽은 질게, 한쪽은 되게 짓는 것인데 이를 [언덕밥]이라고 합니다.

밥은 만드는 그릇이 무엇이냐에 따라서도 이름이 달라집니다. 가마솥에 지은 [가마솥 밥], 놋쇠로 만든 작은 솥에 지은 [새옹밥], 냄비에 지은 [냄비밥]이 있습니다. 쌀과 함께 무엇을 섞는가에 따라서도 밥 이름이 만들어집니다. 아무것도 섞지 않은 [쌀밥] 즉 [이밥]이 있고, 찹쌀로 지은 [찹쌀밥], 보리로 지은 [보리밥], 다섯 가지 곡식을 섞어 만든 [오곡밥], 여러 잡곡을 넣은 [잡곡밥], 이밖에 [콩밥], [조밥], [찰밥], [팥밥], [수수밥], [현미밥], [감자밥], [옥수수밥], [밤밥], [무밥], [쑥밥], [김치밥], [굴밥]까지 종류도, 이름도,

다채롭습니다. 딱딱한 쌀을 골고루 익히는 것도 쉽지 않은데, 익는 속도가 다른 부재료를 섞어 밥을 짓는 것은 정말 큰 내공이 필요하답니다.

　밥은 담는 모양에 따라서도 이름이 있습니다. 그릇 위까지 수북하게 담은 [감투밥], 밑은 잡곡밥을 담고 위에는 쌀밥을 담은 [뚜껑밥], 주먹처럼 둥글게 뭉친 [주먹밥], 마음껏 배부르게 먹는 [한밥], 먹다가 남긴 [대궁밥], 갑자기 많이 먹는 [소나기밥], 들에서, 밭에서, 일을 하다가 먹는 [들밥], 모내기(쌀 심기)를 하다가 먹는 [못밥], 일을 하다가 잠깐 쉴 때 먹는 [새참], 일꾼들이 식사 이외에 참참이 먹는 [곁두리], 저녁 무렵 먹는 [저녁참]도 있습니다.

　또 임금님이 먹는 밥은 [수라], 윗사람이 먹으면 [진지], 하인이나 종이 먹으면 [입시]라고 하였습니다. 옥살이하는 죄수에게 몰래 주는 밥은 [구메밥], 남의 눈치를 보며 먹는 밥은 [눈칫밥], 귀신에게 주는 [여동밥], 죽은 사람에게 제를 지낼 때는 [제삿밥], 부처님에게 불공을 드릴 때는 [잿밥], 새나 들짐승에게 주는 [생반] 등 누가 먹느냐에 따라서도 밥 이름이 달라졌습니다. 언어는 문화를 담는 그릇입니다. 밥과 관련된 어휘만 살펴보아도 농경문화, 그중에서 쌀농사 중심으로 형성된 한국의 언어 문화를 확인할 수 있습니다.

한국에서는 방금 지은 밥을 최고로 생각했습니다. 그래서 귀한 손님이나 가족들에게는 갓 지은 밥을 대접했답니다. 어쩌면 한국에서 도시락 문화가 발달하지 못한 이유도 도시락을 싸면 밥이 차가워지기 때문일지도 모릅니다. 보온 도시락이 없던 옛날에는 도시락을 싸봐야 식기 때문에 활용할 생각을 안 한 것이지요. 다만 먼 길을 갈 때 요기를 위해 [주먹밥]을 만들기는 했지만, 이것을 고급스럽게 즐기려는 생각보다 허기를 달래는 목적으로 여겼답니다.

한국 사람들은 식은 밥을 [찬밥]이라 하여 '중요하지 않은 하찮은 인물이나 사물을 비유적으로 이를 때' 사용합니다. 김이 모락모락 나는 갓 지은 밥에 뜨끈한 국을 먹는 식사가 한국 사람들의 식문화입니다. 혹여 집안의 어른이 식사를 늦게 할 때는 뚜껑을 덮은 밥을 방에서 가장 따뜻한 아랫목에 놓고 이불을 씌워 차가워지지 않도록 하였답니다. 그래서 [찬밥]은 소외와 외로움을 상징했습니다. 사랑으로 지은 따뜻한 밥이 식어버렸다는 것은 사랑과 정성이 식었다는 것입니다. 안도현의 시 〈찬밥〉은 그래서 더 애잔하게 읽힙니다.

〈 찬밥 〉

안도현

가을이 되면 찬밥은 쓸쓸하다
찬밥을 먹는 사람도 쓸쓸하다
쓸쓸하다
이 세상에서 나는 찬밥이었다
사랑하는 이여

낙엽이 지는 날
그대의 저녁 밥상 위에
나는
김 나는 뜨끈한 국밥이 되고 싶다

그럼 남은 찬밥을 어떻게 했을까요? 물론 찬밥은 집안의 일꾼들이 먹기도 했지만 끓여서 먹거나 누룽지를 만들어 먹었습니다. 옛사람들은 밥을 지어서 찬밥을 만들기보다는 [누룽지]나 [숭늉]을 만들어 먹었습니다. 가마솥에 밥을 지으면 솥 바닥은 보통 200도 이상 올라가는데 이때 열기는 밥의 수분을 증발시켜 갈변현상을 일으킵니다. 이를 [누룽지]라고 합니다. [누룽지]는 수분이 많이 남아있으면 눅눅하고 향이 없으며, 수분이 너무 날아가면 검게 타버립니다. 적절한 수분의 증발은 휘발성 물질을 생성, [누룽지]에 탄화 작용을 일으켜 구수한 향을 만들어냅니다. 잘 익은 [누룽지]를 한입 깨물면 오도독 씹는 소리와 함께 구수한 풍미가 느껴진답니다. 또 [누룽지]는 소화에 이로운 단당류, 덱스트린 성분이 들어있어 소화를 촉진하기도 한답니다.

옛날 한국 사람들은 [누룽지]를 그냥 먹기보다는 밥을 뜬 후 물을 부어 [숭늉]을 만들어 먹는 것을 좋아했습니다. 딱딱하게 굳은 누룽지에 물을 부어 솥에 남은 열로 뽀얀 [숭늉]을 끓이면, 누룽지는 부드러운 [눌은밥]이 됩니다. 한국 사람들은 식사 후 [숭늉]을 물 대신 마셨습니다. [숭늉]은 식후에 소화를 돕고 속을 편안하게 해주는 전통 음료이며, 우리 음식 문화의 느림과 정성을 보여주는 예이기도 합니다. [숭늉]은 식사 때 곁들이는 프랑스의 '와인'이나, 햄버거를 먹을 때 마시는 '콜라'와 같습니다.

옛말에 '우물가에서 숭늉 찾는다'라는 속담이 있습니다. 이는 성급하게 일을 행할 때 사용하는 속담입니다. [숭늉]을 마시려면 밥을 하고, 밥으로 누룽지를 만든 후, 물을 넣어 끓이는 과정을 거쳐야 합니다. 그런데 이제 밥 지으려고 우물에 물 뜨러 가서는 사람은 [숭늉]을 먹을 수 없지요. '슬로 푸드(Slow Food)'는 재료의 맛과 풍미를 최대한 살리는 방식으로 조리되는데, [숭늉]이 바로 한국의 '슬로 푸드'가 아닐까 생각해봅니다. 잘 끓인 구수하고 뜨거운 [숭늉]을 시원하게 마시고 싶어지네요.

더 알아보기 10

[비빔밥]이란 말은 지금으로부터 200년 전, 한글 기록으로 확인할 수 있습니다. 당시에는 [비빔밥]을 '부븨음', '부븸밥', '부븬밥', '부븨엄밥' 등으로 표기했습니다.* 밥을 비벼서 먹으니 '비빈 밥'이고, 이것이 결국 '비빔밥'이 되었을 것입니다. [비빔밥]은 한자어로 '혼돈반(混沌飯)', '골동반(骨董飯)'이라고 하였습니다. 16세기《기재잡기(寄齋雜記)》에는 '혼돈반'으로, 17세기《청대일기(淸臺日記)》에는 '골동반'으로 나타납니다. 보통 분류가 안 된 옛 물건을 통틀어서 '골동(汨董)', '골동품(骨董品)'이라고 합니다. 그래서 여러 가지 음식을 혼합해 조리한 국을 '골동갱(骨董羹)'이라 하고, 여러 가지 음식을 섞은 밥을 '골동반(骨董飯)'이라고 하였답니다.**

비빔밥은 한국인의 정체성을 가장 잘 드러내는 음식입니다.*** 다양한 재료를 한데 모아 섞는다는 개념은 융합의 정신에 비유되기 때문입니다. 재료가 가진 본연의 성질을 크게 변형하지 않고 그저 고추장이나 간장 등의 양념을 넣고 버무렸을 뿐인데 이전과 다른 새로운 것이 만들어지기 때문입니다.

20세기를 대표하는 세계적인 비디오 아티스트 백남준은 〈비빔밥의 정신과 대전엑스포 93〉라는 글에서 '대전엑스포의 디자인 정신은 비빔밥으로 비유되는 한국 고유의 습성을 전자적 미래에 접목'시켜 놓은 것이라고 하였습니다.**** 1993년 '대전엑스포'는 과거와 미래, 그리고 현대의 전자 문명이 공생하는 문화를 보여주는 '혼합매체(Mix Media)정신'을 구현하고자 했거든요. 이것이 바로 한국의 비빔밥 문화를 이르는 것입니다. 그래서 화합과 통합이 필요한 상황이 되면 이해 당사자들은 함께 [비빔밥]을 먹으며 서로를 이해하려고 노력한답니다.

- 정경란(2015), 비빔밥의 역사, 《한국콘텐츠학회논문지》 15, 한국콘텐츠학회, 603-615.
- •• 《영월인》, 2021. 04.25.
https://www.ywmedia.kr/news/articleView.html?idxno=931
- ••• 이윤정, 윤애리(2020), 비빔밥의 명칭, 향유 계층, 조리법의 변화과정 연구, 《외식경영연구》 23, 외식경영학회,411-431.
- •••• 《한국일보》, 1993.07.31.
https://www.hankookilbo.com/News/Read/199307310095130317

구수하고 뜨거운 [숭늉]을
시원하게 마시고 싶어지네요.

"지금, 이모를 만나러 갑니다."

우리의 이모는 모두 식당에 있다

에리카는 외국인 유학생입니다. 학교 동아리에 가입한 첫날, 동아리 선배로부터 다음과 같은 질문을 받고 깜짝 놀랐답니다.

"혹시 나이가 어떻게 되세요?"

에리카는 생각합니다. '나이? 왜 나이를 묻지? 1학년이라고 말했는데? 내가 늙어 보이나? 옷을 이상하게 입었나? 아님, 내가 외국인이라서 함부로 말하는 건가? 왜 나의 개인 정보를 알려고 하지? 참 이상한 일이야.' 에리카는 처음 본 사람이 자신의 나이를 묻는 것이 불쾌했습니다.

이런 질문은 한국 사람끼리도 불편합니다.

타인에게 나이를 알리고 싶지 않은 것은 누구나 같을 테니까요. 물어보는 사람도 대답하는 사람도 어색하긴 마찬가지입니다. 그런데 이런 어색함을 무릅쓰고 한국 사람들은 왜 상대의 나이를 물어볼까요? 그건 바로 상대방을 부를 호칭을 결정하기 위해서랍니다. 물론 서로의 이름을 부르는 것이 가장 좋은 방법이지만, 한국에서는 이름보다 호칭을 불러주는 문화가 오랫동안 이어져왔답니다.

에리카와 선배가 각각 이름을 부르며 지내도 문제는 없습니다. 다만 서로의 거리를 좁히는 데는 시간이 걸릴 수도 있습니다. 이제 1학년인 에리카가 2학년인 한국인 선배를 '김순옥'이라고 부르면 어떨까요? 한국에서는 이런 경우 '선배님'이라고 부르는 게 자연스럽습니다. 한편 김순옥이 아무리 선배라고 할지라도 에리카보다 나이가 어리다면 에리카를 [언니]라고 부를 수도 있습니다. 한국의 이러한 호칭 문화는 관계의 거리를 조절하는 역할을 한답니다.

'엄마, 아들, 선생님, 선배님, 손님' 등과 같이 상대를 부를 때 사용하는 말을 [호칭어]라고 합니다. 앞에서 다루었던 [부름말]이 바로 [호칭어]입니다. [호칭어]는 해당 사회에 속한 개인의 정체성과 사회적 관계를 반영하는 언어 장치입니다. 따라서 모든 나라에 보편적으로 존재하는 언어 범주이기도 하지요. 의사소통은 상호작용을 통해 형성되며, 개인은 상호작용을 하며 타인과 관계를 맺습니다. 이때 서로의 직업, 지위, 연령, 상하 관계, 혼인 여부, 친소 관계 등에 따라 다양한 [호칭어]가 사용됩니다. 즉 서로의 관계 맺음에 대한 증표가 바로 [호칭어]입니다.

  한국어의 호칭어 체계는 크게 가족이나 친척을 부르는 '①친족 호칭어', 이름에 '-씨'나 '-님'을 붙이는 '②이름 호칭어', 그리고 '사장님, 기사님, 판사님'과 같이 사회적 지위나 직함을 부르는 '③직함 호칭어', 상대의 정보를 모르는 상황에서 사용하는 '④일반 호칭어' 등으로 나눌 수 있습니다. 이 중 이름이나 직함에 따른 호칭어는 상대의 이름이나 직함을 알면 활용할 수 있지만, 복잡한 체계로 나누어진 '친족 호칭어'는 한국의 가족 문화에 대한 이해를 필요로 합니다.

앞에서 한국 사회는 가족 중심의 농경 사회를 이루고 있어서 호칭어가 발달했다고 하였습니다. 쌀농사는 많은 일손을 필요로 하기 때문에 자녀가 성장하고 결혼을 해도 가족과 함께 살거나 근처에 살면서 함께 농사를 지었습니다. 옛날에는 한 마을 사람들이 모두 친인척인 경우도 있었답니다. 그래서 서로를 부르는 '친족 호칭어'가 섬세하게 나뉘었답니다. 특히 한국의 '친족 호칭어'는 경어법과 연결되어 그 체계가 매우 복잡합니다. 그런데 요즘에는 과거처럼 대가족인 경우도 드물고, 자녀를 많이 낳지도 않기 때문에 사용하는 '친족 호칭어'가 많지 않답니다. 하지만 여전히 가족과 친인척을 부르는 호칭어 체계는 복잡하고, 과거와 다르게 쓰이는 경우도 많아서 한국 사람들도 검색을 통해 확인하는 경우가 많습니다.

[친척], [친족]이란 말은 결혼과 출산이라는 관계에 따라 맺어지는 혈연관계를 이릅니다. 혈연으로

맺어졌다 하여 [피붙이], [살붙이], [일가붙이]라고도
합니다. 옛사람들은 가족 관계의 멀고 가까움을
나타내기 위해 숫자로 체계를 나누었습니다. 이를
[촌수]라고 하는데, 여기서 '촌'은 '마디'를 말합니다.
따라서 [촌수]는 가족 관계의 거리를 마디 단위로
표시한 것이랍니다. 이 체계에 따르면 가장 가깝고
친밀한 사이인 아버지 어머니와 나와의 사이는
1촌이고, 나의 형제, 자매 사이를 2촌, 부모님의 형제,
자매를 3촌이라고 하였습니다. 이 관계는 8촌까지
이어지고, 그 이상은 접촉할 기회가 적어 가족이 아닌
것으로 생각했습니다.

　한국의 [호칭어]는 가족을 부르는 말이 대부분으로,
타인을 부르는 말이 거의 없습니다.

천소영(2007), 《우리말의 문화찾기》, 한국문화사.

이는 어쩌면 당연한 것입니다. 마을 사람들이
모두 가족이기 때문에 타인을 만나는 일이 흔하지
않았을 테니까요. 가령 옛날에는 [아저씨]와
[아주머니(아줌마)]가 친척을 부르는 '친족
호칭어'였답니다. [아저씨]는 결혼하지 않은 아버지의

남동생이나, 고모부, 이모부를 이르는 말이었고, [아주머니(아줌마)]는 형의 아내를 부르거나, 손위 처남의 아내를 부르는 말이었습니다. 그런데 요즘에는 모르는 성인 남성이나 성인 여성을 부르는 말로 더 자주 사용됩니다. 또 [이모]의 경우, 엄마의 여자 형제를 가리키는 '친족 호칭어'인데 식당이나 가게에서 처음 만난 여자 직원을 친근하게 부를 때도 사용합니다.

한번은 외국인 친구와 식당에 갔다가 제가 종업원을 [이모]라고 부르는 걸 보고, '혹시 이 식당이 너의 이모가 운영하는 것이냐(Hey, I was just wondering… is this your aunt's restaurant?)'는 질문을 받기도 했답니다. [삼촌]도 낯선 타인을 호칭하는 데 활용됩니다. 가령 상점의 점원이 손님에게 "삼촌, 찾는 물건이 이거죠?"라고 물을 수 있답니다. 주로 남자 손님에게 이런 호칭어를 사용합니다. 타인을 '친족 호칭어'인 [이모]나 [언니], [삼촌]으로 부르는 이유는 이들이 가족 내에서 가장 편하고 친근한 상대이기 때문입니다. 상대를 가족처럼 친근하게 불러서 대우하고자 한 것이랍니다.

　[호칭어]는 사회의 변화와 시대의 흐름에 따라 변하기도 합니다. 과거에는 신분제도나 위계질서, 혼인 여부 등에 따라 [호칭어]를 구분하였습니다. 그러나 가족 관계의 변화, 글로벌화, 성평등의 중요성 등으로 의미확장이 일어나거나, 보다 중립적이고 평등한 [호칭어]가 선호되기도 합니다.

　친척이 아닌 타인을 '친족 호칭어'로 부르는 것은 한국만의 문화라고 할 수 있습니다. 이는 가족 간의 호칭이 사회로 확산되고 의미확대가 이루어진 것이랍니다. 그래서 한국 사람들은 가족이 아닌데도 [할아버지], [할머니]가 있고, 나의 진짜 형제가 아님에도 [형]과 [오빠], [누나]나 [언니]가 있는 것이랍니다. 한국 사람들은 이렇게 타인을 '가족 호칭어'로 명명하면서 서로의 거리를 좁힙니다. 에리카의 나이가 한국인 선배인 김순옥보다 어리다면 에리카는 김순옥을 [언니]라고 부를 수 있습니다. 이처럼 서로의 관계에 호칭어가 붙고 나면 이들의 관계는 마치 가족처럼 밥도 사주고, 고민도 나누며 친밀해진답니다.

한국에서는 부모가 자녀를 '○○아', '○○야'라고 이름을 부르는 게 일반적입니다. 그런데 자녀를 [아들] 혹은 [딸]이라고 부르는 것도 일상적입니다. 영어의 경우, 자녀를 'Sweetie', 'Honey' 등과 같은 애칭, 또는 이름을 부르지, 한국처럼 'Son'이나 'Daughter'라고 부르는 경우는 드뭅니다. 가끔 아이들을 훈육할 때, 'Listen, son.'과 같이 말하기도 하지만 일반적이지 않습니다. [아들]이나 [딸]은 호칭어가 아닙니다. 그런데 한국 사람들은 '호칭어'가 아닌 말을 호칭어로 사용하기도 합니다.

한편 학교의 선생님을 부를 때 한국에서는 직함에 해당되는 [선생님]이라고 부릅니다. "선생님, 안녕하세요?"라고요. 그런데 영어 화자는 "Good morning, Mr. Smith!"와 같이 'Mr.', 'Ms.', 'Mrs.'에 성을 붙여서 부릅니다. 'Teacher'는 직업명이지 호칭어가 아니기 때문입니다. 그런데 한국에서는

'직함 호칭어'라고 하여 직업명을 호칭어로 사용할 수 있답니다. 그래서 "선생님, 질문이 있습니다."라고 말할 수 있답니다.

    그리고 '직함 호칭어'는 상대를 잘 모르는 상황에서 사용되기도 합니다. 상대와 친분이 없는 낯선 관계일 때 서로의 관계에 구애받지 않고 사용되는 호칭어가 '일반 호칭어'입니다. 낯선 타인을 호칭할 때 가장 많이 사용되는 어휘로 [선생님]이 있습니다. [선생님]은 학교에서 학생을 가르치는 교사를 칭할 때 사용하는 호칭어입니다. 그런데 나이 든 사람을 대접하여 부를 때도 [선생님]이라고 부릅니다. "선생님, 어디로 갈까요?" 택시를 타면 운전기사가 나의 목적지를 이렇게 물어볼 수 있습니다. 낯선 관계에서 사용되는 [선생님]은 '직함 호칭어'가 아닌 '일반 호칭어'입니다. 이러한 '일반 호칭어'는 상대에 대한 정보가 없는 상태에서 존경의 의미와 상대를 대우해주기 위해서 선택한 것이랍니다. [사장님]도 원래는 회사의 책임자이자 대표를 이르는 '직함 호칭어'이지만 낯선 타인을 대우해주기 위해 '일반 호칭어'로 사용될 수 있답니다.

그런데 요즘 상점이나 식당에서는 [이모]나 [언니], [삼촌]과 같은 '친족 호칭어'를 사용하는 사례가 많이 줄고 있습니다. 대신 중립적인 표현인 [저기요]나 [손님], [고객님]과 같은 어휘를 호칭어로 사용한답니다.

더 알아보기 11

부모와 자녀 사이는 1촌이지만 부부 사이는 촌수가 없습니다. 촌수를 계산할 수 없을 정도로 가까운 사이이기 때문일까요? 옛날에는 부부가 서로를 부르는 호칭어가 없었답니다. 그런데 [여보]라는 호칭어가 만들어져 결혼한 부부가 서로를 부를 때 사용하게 되었답니다. [여보]는 '여기 보십시오'를 줄여서 만든 말입니다. '여기 보십시오 〉여기 보시오 〉여보시오 〉여보' 그런데 '여기 보시오'나 [여보시오]에는 부부와 관련된 어떤 의미도 없습니다. [여보시오]는 가까이 있는 사람을 부르는, 상대를 불러서 상대방이 나를 돌아보도록 하는 말입니다. 그리고 [여보시오]는 서로 평등한 관계를 전제로 할 때 사용할 수 있지 윗사람에게는 사용할 수 없습니다. 그렇다면 부부 사이를 지칭하기 위해 만들어진 [여보]는 평등을 전제로 하는 말이라고 할 수 있습니다.

그런데 요즘 부부 사이에서는 [여보]보다는 [자기(야)]라는 말을 더 자주 사용합니다. [자기]는 원래 한 번 거론되었던 사람을 다시 가리키는 3인칭 대명사입니다. '아들은 자기 방으로 들어갔다'와 같이 사용합니다. 그런데 요즘에는 [당신]이라는 의미의 2인칭 대명사로 쓰인답니다. 놀라운 것은 청소년들이 서로 사귀는 상대에게 [여보]라고 부르기도 한다는 것입니다. 말은 시대와 상황에 따라 변합니다. [자기]가 2인칭으로 사용되듯이, 어쩌면 [여보]도 결혼한 부부가 아닌 연인 사이의 애칭처럼 변할 날이 올지도 모르겠군요.

타인을 '친족 호칭어'인 [이모]나 [언니], [삼촌]으로 부르는 이유는 이들이 가족 내에서 가장 편하고 친근한 상대이기 때문입니다. 상대를 가족처럼 친근하게 불러서 대우하고자 한 것이랍니다.

“'밥 먹었어?' 열두 고개로 출발~”

존댓말의 끝은 어디인가

제가 대학원 다닐 때의 일입니다. 같은 연구실에 한국말이 서툰 외국인 학생이 있었습니다. 어느 날 지도교수님과 연구자들이 모여 회의를 할 때였습니다. 회의가 시작할 무렵 이 학생이 분위기를 바꾸겠다고 교수님께 다음과 같이 물었답니다.

"교수님, 밥 먹었어?"

순간 연구실 분위기가 얼어버렸습니다. 이 학생은 '밥 먹었냐'고 묻는 것이 나름 한국식 인사라고 생각하여 던진 말인데, 아뿔싸 [존댓말]을 아직 배우지 못한 것입니다. 그때 교수님이 웃으며 '너는 한국어를 어디서 배웠니?' 하고 물었고, 그 학생은 '드라마'라고 답해서 모두 고개를 끄덕였답니다. '희소성(scarcity)

효과'였을까요? 이후, 교수님은 "내가 몇십 년간 학생을 가르쳐봤지만, 나에게 이렇게 말한 학생은 네가 처음이다~"라며 그 후배를 더 아끼고 예뻐하셨답니다. 이후 그 학생은 열심히 한국어를 공부하여 박사 과정을 잘 마쳤습니다.

한국어에는 [존댓말]이라는 말의 표현 방식이 있습니다. [존댓말]은 [높임말]이라고도 하는데, 대화의 상대나 환경, 지위, 처지 등에 따라 공손함을 더하는 말하기입니다. 영어로 비유하면 'Please'나 'Could you...?'와 같은 공손한 표현 방식을 말합니다. 그런데 [존댓말]은 [공손 표현]과 같지 않습니다. [공손 표현]이 말에 예의를 갖추고 배려하는 말하기라면, [존댓말]은 대화 상대에 따라 다른 말하기 방식이기 때문입니다. 물론 [존댓말]도 예의와 배려를 포함하고 있습니다. 그런데 상대의 나이나 지위에 따라 달라지지 않는 것이 [공손 표현]인데 반해, 상대의 나이나 지위에 따라 사용 여부가 달라지고, 나이가 어린 사람에게는 사용하지 않는 것이 [존댓말]입니다. 영어의 [공손 표현]은 '말투'의 문제지만, 한국어의 [존댓말]은 '관계'의 문제이며, [공손 표현]은 '선택'의 문제이지만, [존댓말]은 '규칙'의 문제입니다.

현재 전 세계에 K-드라마나 영화, 대중가요 등이 인기를 끌면서 한국어에 관심을 갖고 배우려는 세계인이 늘고 있습니다.
그런데 한국어를 배우는 외국인들이 가장 어려워하는 부분이 바로 [존댓말]이랍니다. 의미상으로는 같은데, 상대에 따라 달라지는 말의 표현을 배우기도, 외우기도 어렵기 때문입니다. 가령 영어 'Did you eat?' 또는 'Have you eaten?'을 한국어로 표현하면 다음과 같습니다.

① 진지 잡수셨습니까?

   (Royal family-very formal, royal)

② 진지 잡수셨어요?

   (Grandparents-very respectful, warm)

③ 진지 드셨습니까?

   (Grandparents-formal respectful)

④ 진지 드셨어요?

(Grandparents-respectful and caring tone)

⑤ 식사하셨습니까?

(Parents or Boss-formal polite)

⑥ 식사하셨어요?

(Parents-polite, warm)

⑦ 식사했어요?

(Coworkers-casual polite)

⑧ 밥 드셨습니까?

(Older people-polite but less formal)

⑨ 밥 드셨어요?

(Older people-friendly polite)

⑩ 밥 먹었어요?

(Friend-friendly polite)

⑪ 밥 먹었어?

(Friend-casual)

⑫ 밥은?

(Very close relationship-intimate shorthand)

한국어로 'Did you eat?'라는 의미를 전달하는 표현입니다. ⑪ '밥 먹었어?'를 기준으로 위로 갈수록 존대하는 말입니다. 끝이 없습니다. 그런데 이것은 말하는 사람이 자율적으로 선택할 수 있는 것이 아니랍니다. 대화의 상대가 누구냐에 따라 분별하여 사용해야 하는 암묵적 규칙이랍니다. 만약 규칙을 지키지 않을 경우 예의 없는 사람으로 보인답니다.

[존댓말]은 한국 사람들도 헷갈리는 말하기입니다. 어릴 때부터 꾸준히 보고 듣고 배우지만, [존댓말]을 정확히 사용하지 못할 때가 있습니다. 이는 [존댓말]이 신분제도와 대가족 제도가 존재했던 옛날에 형성된 까닭 때문이기도 합니다. 현재 한국은 과거와 삶의 형태가 달라지고, 사회 구조도 변하였습니다. 또한 개인이 느끼는 공손성의 정도도 다르기 때문에 사용에 혼란을 겪을 수 있습니다. 상대를 존중하는 의미로 사용한 존대 표현이 과하여 상대를 불편하게 할 수도 있습니다. 그리고 위에 적은 단계도 대상과 얼마나 가까우냐에 따라 다르게 사용할 수 있답니다.

"손님, 주문하신 커피 <u>나오셨어요</u>."

이 표현은 [존댓말] 사용 규칙상 틀린 말이며, 과잉 존대입니다. 이 문장의 존대 표현은 사람을 대우할 때 사용하는 것입니다. 그런데 이 문장에서 '나온 것'은 '커피'이기 때문에 커피를 존대하는 상황이 되어버렸습니다. 하지만 이것이 틀렸다고 무조건 나무랄 수는 없습니다. 어쩌면 과잉 존대임을 알고도 이런 표현을 썼을 수도 있으니까요. 그럼 왜 알고도 이러한 과잉 존대를 하는 걸까요? 과잉 존대는 손님을 대우하여 최대의 효과를 얻고자 하는 심리가 반영된 결과입니다. 과잉 존대가 틀린 표현이라고 해도 손님의 기분을 상하지 않게 하여 최대의 효과, 즉 '이 가게는 손님을 존중해주는구나'하는 긍정적인 이미지를 얻으려는 전략일 수도 있습니다.

병원에서도 '환자분, 여기를 꼭 누르실게요', '환자분, 이리로 나오실게요'와 같은 말을 듣게 되는데, 이 역시 과잉 존대 표현입니다. 그런데 처음에는 어색한 표현 같았는데 지금은 어느 정도 익숙하게 들립니다.

말은 변합니다. 사용자가 자연스럽게 받아들이면 그것이 또 규칙이 되기도 합니다. 변하는 과정에 있는 말을 그저 틀렸다고만 할 게 아니라 왜 그러한 현상이 일어나는지 살펴보아야 할 것입니다. 과잉 존대나 틀린 표현의 존댓말은 어려운 [존댓말] 체계 때문일 수도, 상업적 전략일 수도, 상대에 대한 배려일 수도 있으니까요.

현재 한국에는 왕이 존재하지도 않고, 가족 문화도 느슨해지고 축소되어 예전처럼 [존댓말]이 복잡하지 않습니다. 그래도 [존댓말]이 없는 언어를 사용하는 외국인의 입장에서는 한국어가 어려울 수 있습니다. 하지만 [존댓말]은 한국어의 멋과 말맛을 살려주는 중요한 요소입니다. 무엇보다도 [존댓말]은 상대방을 존중하고 예의를 표현하는 한국 문화의 핵심 언어 장치이기 때문입니다.

그럼 존댓말이 없는 외국어를 한국인이 접할 때는 어떨까요? 한국인 입장에서는 존댓말이 없는 외국어가 모두 반말을 하는 것으로 느껴질 수 있습니다. "아니 그 나라 말은 할아버지에게도 '밥 먹었어?' 이렇게 반말을 하는 거야?"라고 말입니다. 그런데 'Did you eat?'을 꼭 '밥 먹었어?'로만 해석할 수 있을까요? '진지 잡수셨습니까?' 또는 '밥 먹었어요?'로 번역할 수도 있습니다. 그렇다면 존댓말이 없는 언어는 나이 많은 사람에게 반말을 하는 언어가 아니라, 나이 어린 사람에게도 존댓말을 하는 언어로 볼 수 있습니다.

한국어의 [존댓말]은 말을 통해 친밀감을 드러내고, 사회적 조화를 이루는 역할을 합니다. 이러한 점에서 [존댓말]은 단순한 언어 형식이 아니라, 서로의 관계를 조율하고 사회적 거리를 섬세하게 조절하는 문화적 장치라고 할 수 있습니다. 한국어 사용자에게는 자연스럽게 체화된 이 존중의 언어가, 다른 문화권에서는 또 다른 방식으로 실현되고 있을 뿐입니다. 중요한 것은 '존댓말이 있느냐 없느냐'가 아니라, 언어를 통해 타인을 어떻게 배려하고 존중하느냐의 문제입니다. 따라서 우리는 서로의 언어를 단순히 번역하는 데 그치지 않고, 그 속에 담긴 문화와 마음을 함께 이해하려는 노력이 필요합니다.
[존댓말]은 바로 그런 이해의 시작점이 될 수 있습니다.

더 알아보기 12

한국어의 [존댓말]은 사람을 대우해주기 위해 활용하는 언어 표현입니다. 이때 말에 '대우'의 '장치', '장식'이 붙는데, 가장 쉬운 방법이 바로 말의 끝에 '종결 장치'를 달아주는 것입니다. 종결 장치는 '가다(go)'라는 말에 '~요'를 붙이거나 '~니다'를 붙이는 방법이 있습니다. 그럼 '가요', '갑니다'가 됩니다. 아이들이 가끔 '선생님, 나 어제 엄마랑 수영장 갔다요', '선생님, 이거 같이 먹자요'라고 말합니다. 아이들이 존댓말을 배우는 과정에서 말의 끝에 '~요'를 붙여 존대하면서 나타나는 오류인데, 이것은 종결어미를 선어말어미보다 쉽게 인지하는 아이들의 특성 때문이랍니다.*

대우의 강도로 보았을 때 '가다 〈 가요 〈 갑니다'로 그 정도가 더해진다고 할 수 있습니다. 물어볼 때는 '가? 〈 가요? 〈 갑니까?'라고 합니다. 그런데 이 종결 장치 사이에 존대의 의미를 더 실어줄 수 있습니다. '지금 가세요?', '지금 가십니까?'와 같이 '-시-'를 넣어주는 것입니다. 말의 끝에 두 개의 장식을 달아 존대의 의미를 강화하는 것입니다. 이렇게만 보면 [존댓말]이라는 것이 그렇게 어려워 보이지 않습니다. 말의 끝에 존대를 의미하는 '장식'을 달아주면 되니까요.

설마 이렇게 쉬우면 외국인들이 존댓말 배우기를 어렵다고 하지 않았을 것입니다. 이제 복잡해집니다. 말을 끝맺는 어휘에도 존대의 단계가 있습니다. 가령 [먹다]의 경우, [들다]라는 말이 더 존중의 의미를 갖습니다. 그다음으로는 [잡수다]가 있습니다. [들다]와 [잡수다]는 모두 [먹다]를 의미합니다. 그러니까 최고로 존대를 해주어야 하는 사람에게는 '잡수다'+'-시-'+'-니까'를 결합하여 '잡수십니까?'로 말해야 합니다. 여기에 먹는 음식에도 존대의 단계가 있어서 존대할 사람에게 [진지]라는 말을 사용합니다. [진지]는 [밥]과 같은 말입니다. [밥]이면 다 [밥]이지 [진지]가 있고, [먹다]면 다 [먹다]이지 다시 [들다], [잡수다]라는 어휘가 있다니…. 그래서 한국어의 [존댓말]이 어려운 것입니다. 하지만 여기서 끝이 아닙니다.

[존댓말]은 상대를 대우하고 높이는 장치나 어휘를 활용하는 말하기인데 여기에 한 단계 더 나아가 말하는 사람 스스로가 낮아져서 상대를 높일 수도 있습니다. 말하는 사람은 보통 [나]라고 하는데 스스로 낮추어 [저]라고 할 수 있답니다. '나는 이쪽으로 갈게'를 '저는 이쪽으로 가겠습니다'와 같이 말할 수 있습니다. 옛날에는 이 낮아지는 방법에도 단계가 있었답니다. '소인 〈 소생 〈 소제(소녀) 〈 저 〈 나'로 이루어집니다. 대화 상대에 따라 낮아지는 단계를 조절하여 말하였습니다. [소인]이 가장 낮은 단계의 어휘이지만 현재는 잘 쓰지 않습니다. 간혹 옛이야기를 다룬 드라마나 영화에서 사용됩니다. 정리하면, 한국어는 상대를 대우해주는 장치를 하거나 어휘를 통해 존대하는 것, 스스로를 낮추어 상대를 높이는 방법으로 [존댓말]을 실현한답니다.

• 안정근(2017), 새로운 한국어 존대 종결어미 사용 양상, 《언어학》 25, 대한언어학회, 173-192.

> 영어의 [공손 표현]은 '말투'의 문제지만, 한국어의 [존댓말]은 '관계'의 문제이며, [공손 표현]은 '선택'의 문제이지만, [존댓말]은 '규칙'의 문제입니다.

“쉬엄쉬엄 자유를 찾아 떠나요.”

4

우리끼리 통하는 말

무질서와 유연함의 사이에서

한국어를 배운 외국인들은 한국 사람들과 대화하면 가끔 자신이 어색한 말을 하고 있다고 느낀답니다. 어학당에서 배운 한국어가 한국인의 일상 대화와 다르다고 느껴지는 것이지요. 그러면서 어떻게 해야 일상 한국어나 드라마 속 한국어를 배울 수 있는지 묻습니다.

종업원: 손님, 주문하시겠어요?
손 님: 물냉 둘.

식당에서 자주 볼 수 있는 일상적이고 자연스러운 대화입니다. 그런데 외국인의 입장에서 이 대화는 조금 이상합니다. '손님'은 "우리는 물냉면 두 개를 주문하겠습니다"라고 해야 정확한 문장입니다. 그런데 많은 부분이 생략되었습니다.

 외국인들이 일상 대화나 드라마 속 한국어가
다르다고 느끼는 이유가 바로 여기에 있습니다.
한국어는 글로 된 언어와 일상 대화에 차이가 있습니다.
아니! 글로 된 한국어와 말로 된 한국어가 달라요?
네. 다릅니다. 대화, 즉 말로 하는 한국어는 말하는
사람끼리 알고 있는 것을 '생략'하여 말하는 경향이
있거든요. 위 대화에서 종업원은 손님에게 주문할
것을 요청합니다. 그럼 손님이 말하는 것은 주문
내용일 테고, 두 명이 있으니 메뉴도 두 가지를 선택할
것입니다. 그래서 손님은 많은 부분을 생략하고
"물냉 둘"이라고 말한 것입니다.

 **어떤 생각이나 감정을 담은 완결된 최소 단위를
[문장]이라고 합니다.** 생각이나 감정을 제대로 전달하기
위해서는 기본적으로 갖추어야 하는 것들이 있습니다.
보통 '누가', '무엇을', '한다' 등의 정보가 담깁니다.
예를 들어 '나는 좋아합니다'라는 문장은 어떤 의미를

전달하는 데 부족함이 있습니다. '무엇을 좋아하는지'에 대한 내용이 없기 때문입니다. 이때 '나는 꽃을 좋아합니다'라고 해야 완결된 의미가 전달됩니다. 그런데 한국어는 '중요한 정보냐', '덜 중요한 정보냐'를 기준으로 덜 중요한 정보를 생략할 수 있습니다. 즉 일상 대화의 한국어는 중요도에 따라 문장의 성분을 생략할 수 있습니다.

다른 나라 말과 비교해볼까요? 영어도 임의적 성분은 '덜 중요한 정보'로 보고 생략할 수 있습니다. 하지만 문장의 필수 성분인 주어나 목적어는 '덜 중요한 정보'라고 해도 생략하면 안 됩니다.

㉠ 누가 꽃을 좋아하지?   ⓐ Who likes flowers?
㉡ 한나가 꽃을 좋아합니다.(○)   ⓑ Hanna likes flowers.(○)
㉢ 한나가 좋아합니다.(○)   ⓒ Hanna likes.(X)
㉣ 한나.(○)   ⓓ Hanna.(○)

'누가 꽃을 좋아하지?'라는 물음에 대한 답은 문장의 핵심 정보인 '한나(Hanna)'만 있다면 한국어는 의사소통이 됩니다. 이것은 한국어가 맥락 의존성이 높고 성분 생략의 허용 범위가 넓기 때문입니다. 하지만 영어는 타동사(likes)를 사용할 경우 목적어가 없는 문장은 완결되었다고 보지 않기 때문에 ⓒ는 틀린 문장이 됩니다.

그렇다면 한국어에서 생략이 가능한 '덜 중요한 정보'의 기준은 뭘까요? 그것은 대화 당사자들이 알고 있는 정보나, 말하는 이가 중요하지 않다고 생각하는 정보를 말합니다. 만약 어떤 식당이 다른 메뉴는 없고 오직 물냉면만 판매한다면 종업원은 주문을 받을 때 "몇 개요?"라고 할 수 있습니다. 이때 손님은 말하지 않고 손가락 두 개만 보여주기도 합니다. 왜냐하면 한 가지 메뉴만 있는 식당에서는 메뉴를 고를 필요 없이 개수만 선택하면 되기 때문에 주문의 개수 말고 나머지는 덜 중요한 정보가 됩니다. 그래서 가장 중요한 정보인 주문 양만을 말하면 의사소통이 된답니다.

한국어의 또 다른 특징은 문장의 순서가 비교적

자유롭다는 점입니다.

ⓜ 한나가 꽃을 좋아합니다.
ⓑ 꽃을 한나가 좋아합니다.
ⓢ 좋아합니다, 한나가 꽃을.

이는 한국어가 '조사'를 통해 문장의 기능을 나타내기 때문입니다. 문장을 이루는 요소들은 각각 어떤 역할(주어, 목적어)을 합니다. 영어를 비롯한 많은 언어는 단어가 문장의 어디에 놓이느냐에 따라 그 역할이 정해집니다. 예를 들어, 영어의 주어는 보통 문장 맨 앞, 목적어는 동사 뒤에 오지요. 하지만 한국어는 단어의 위치보다 그 단어에 붙은 조사('이/가', '을/를' 등)가 그 역할을 정합니다.

비유하자면 이렇습니다. 나는 상황에 따라 엄마가 되기도 하고, 딸이 되기도 하며, 선생님이 되기도 합니다. 만약 이 역할이 내가 있는 '장소'에 따라 결정된다면, 나는 집에 있을 때는 '엄마', 학교에 있을 때는 '선생님'이 됩니다. 하지만 내가 '조사'라는 이름표를 달고, 그 이름표에 '엄마'라고 쓴다면, 어디에 있어도 나는 엄마라는 역할을 유지할 수 있습니다. 이처럼 한국어는 조사라는 이름표 덕분에 단어의 순서를 바꾸어도 그 기능을 알 수 있습니다. 즉, 말의 순서가 바뀌어도 그 '역할'이 변하지 않기 때문에 자유로운 어순이 가능해지는 것입니다. 그런데 이러한 특성이 외국인 학습자들에게는 혼란의 요소가 되기도 합니다. 어순이 자유롭다는 것은 곧 문장 구조에 일정한 규칙이 없는 것처럼 여겨지고, 이것은 무질서하게 보이기 때문입니다.

한국어에서 어순이 자유롭다는 것은, 그만큼 조사인 이름표가 풍부하다는 것을 의미합니다. 그런데 이 자유 어순이 마음대로 어순을 바꾸거나 생략해도 된다는 것을 의미하지는 않습니다. 특정한 의미 전달이나 강조를 위해 어순을 바꾸는 것이지, 규칙이 없이 마음대로 해도 되는 것은 아니랍니다.

기본 문장인 ㉥'한나가 꽃을 좋아합니다'에서 꽃을 앞으로 옮긴 ㉧은 특별히 '꽃'을 강조하기 위함입니다.

즉, 한나가 좋아하는 것이 '바다'나 '산'과 같은 것이 아닌 '꽃'임을 강조하기 위한 것입니다. ㉠도 한나가 '좋아한다'는 것을 강조하기 위해 어순을 바꾼 것이랍니다. 따라서 강조할 게 없는 경우에는 ㉡과 같이 기본 문장으로 말해야 합니다. ㉢과 ㉠은 특별함을 담기 위해 조정한 것이지, 규칙이 없어서 그렇게 한 것이 아니랍니다.

    자연스러움과 매끄러움을 유지하면서 어순을 변경하는 것은 쉬운 일이 아닙니다. 그래서 문법적으로 맞는 외국인의 한국어 문장이, 번역기 또는 인공지능의 한국어 표현이 어색한 것은 이 때문입니다. 그런데 한국어에 점차 익숙해지고 언어 감각이 생기면 어순의 자유로움을 '혼란'이 아닌 '표현의 유연함'으로 받아들이게 됩니다. 자신의 의도나 강조에 따라 문장 구조를 조절할 수 있다는 점은, 한국어의 매력이기 때문입니다.

한국어의 또 다른 중요한 특징은 서술어가 문장의 끝에 위치한다는 점입니다. 문장에서 가장 핵심적인 역할을 하는 것은 바로 서술어입니다.
서술어를 중심으로 나머지 성분들이 배열됩니다.
언어를 유형별로 구분할 때도 보통 서술어의 위치를
중요하게 다룹니다. 한국어처럼 서술어가 문장의 맨
끝에 오는 언어에서는 다른 성분들이 모두 서술어
앞에 위치합니다. 반면 영어나 중국어와 같은 언어는
서술어가 앞에 오고, 그 뒤에 나머지 성분들이
이어집니다.

　이러한 구조는 화자의 의도나 태도를 드러내는
방식에도 차이를 만듭니다. 예를 들어, 영어 문장
"I love Hanna."를 보면, 문장 초반에 말하는 이가
'사랑한다(love)'는 태도를 먼저 알려줍니다. 화자의
태도나 감정이 문장의 초반에 명확히 전달되지요.
하지만 한국어는 다릅니다. "나는 한나를…"이라고
말하면 듣는 사람은 아직 화자가 어떤 감정이나 태도를
보일지 알 수 없습니다. 뒤에 나오는 말이 '싫어한다',
'잊지 못한다', '사랑한다' 중 어떤 것이 올지 알 수
없고, 이에 따라 전체 문장의 의미는 달라집니다.
결국 아무리 많은 정보를 제공한다고 해도 마지막에

서술어를 듣기 전까지 말하는 사람이 어떤 판단을 내릴지 알 수 없습니다. 말의 핵심이 맨 끝에 오기 때문에, 상대의 생각이나 감정을 온전히 이해하려면 말을 끝까지 들어야 합니다. 그래서 대상과 판단을 먼저 듣고 나머지 내용을 추가로 듣는 영어나 중국어와 달리 한국어는 판단이 나올 때까지 듣는 사람을 붙들어둔다는 장점이 있습니다.

이처럼 핵심적인 정보나 의미를 문장 끝에 두는 '한국말은 끝까지 들어봐야' 정확하게 파악할 수 있습니다. 한국 사람들의 기다림과 경청의 자세는 바로 한국어가 가진 언어 문화의 영향 때문입니다. 그런데 때로는 이러한 특성으로 인해 혹자는 '한국 사람들은 자신의 태도를 명확히 하지 않는다', '한국 사람과 대화하면 답답하다'라고 느낄 수도 있습니다.

하지만 한국어를 단순히 핵심을 비켜 가거나 비효율적인 언어라고 생각할 필요는 없습니다. 오히려 말하는 사람의 생각과 감정을 충분히 전달하는 소통 방식이라고 할 수 있지요.

문장의 핵심을 뒤에 두는 말하기는 말하는 이의

의도를 서서히 드러내어 듣는 이로 하여금 집중하게
만드는 힘이 있습니다. 그리고 단순한 사실 전달을
넘어, 감정과 분위기, 말하는 이의 태도까지 섬세하게
전달할 수 있는 여유와 생각의 공간을 제공합니다.
그래서 듣는 사람으로 하여금 결론을 서두르지 않고
상대의 말을 충분히 경청하며 전체 흐름을 이해하려는
태도를 갖게 합니다.

    결과적으로, 한국어는 깊이 있는 대화와 정서적인
공감을 가능하게 하는 언어라고 할 수 있습니다. 핵심이
마지막에 오는 구조는 오히려 말의 여운과 전달력을
더해주는 장점을 가지기 때문입니다.

더 알아보기 13

문장 안에서 어휘가 배열되는 순서를 [어순]이라고 합니다. 주로 주어, 목적어, 서술어라는 성분이 어떻게 배열되는지에 따라 [어순]의 유형을 구분합니다. 세계의 언어를 분석한 결과, 인류의 언어는 [주어]가 [목적어]보다 앞에 나오는 것이 보편적이라고 합니다. 그리고 [서술어]가 어디에 위치하느냐에 따라 언어의 구조를 분류할 수 있다고 합니다. 2005년 드라이어(Matthew Dryer)라는 학자가 1,228종의 언어를 연구한 결과, 한국어처럼 [서술어]가 맨 뒤에 나오는 언어가 497개로 가장 많았다고 합니다. 한편 영어, 중국어 등과 같이 [서술어]가 중간에 오는 언어는 435개였으며, 일부 브라질 원주민 언어에서는 서술어가 문장의 맨 앞에 오는 경우도 관찰되었다고 합니다.*

문장의 [어순]은 단지 문법적 배열을 넘어서, 말하기 방식이나 말하기 전략, 의사소통 방식에도 영향을 미칩니다. 예를 들어, 서술어가 중간에 위치하는 언어는 말하기에서도 핵심을 먼저 밝히고, 그 뒤에 부가적인 설명을 덧붙이는 구조를 취합니다. 이러한 언어는 말하는 이의 판단이나 의도를 초반에 드러내기 때문에 청자가 핵심을 빠르게 파악할 수 있으며, 정보 전달이나 논리적인 설명에 적합합니다. 그래서 공적인 글쓰기나 발표, 명확한 의사 전달이 요구되는 말하기에서 유리합니다. 그러나 판단이 초반에 드러나는 만큼, 청자의 반응이나 반박을 바로 유도할 가능성이 있으며, 발화 내용에 대한 긴장감이나 여운이 줄어드는 단점이 있습니다.

반면 한국어처럼 서술어가 문장 끝에 오는 언어는 핵심 내용을 마지막에 전달하는 경향이 있습니다. 이런 언어에서는 화자가 먼저 상황, 감정, 배경 등을 충분히 설명하고, 판단이나 결론은 끝에 제시합니다. 그래서 화자의 말을 끝까지 경청하도록 유도합니다. 이러한 언어는 상황이나 감정, 맥락을 충분히 전달한 뒤 판단을 해야 하는 말하기에 효과적입니다. 즉 감성적이거나 암시적인 표현, 정서적 여운을 남기는 대화에 적합한 구조라 할 수 있습니다. 그러나 핵심이 뒤늦게 드러나다 보니 공적인 상황에서 명확한 의사 전달을 하기에는 어려움이 따릅니다. 또 중간에 맥락을 놓치면 오해가 생기거나 표현이 모호해질 가능성도 있습니다.

이러한 단점을 보완하기 위해서는, 문장 구조 자체를 바꾸기보다는 말하기 방식과 화제 전개 방식을 조절하는 전략이 필요합니다. 예를 들어, 말의 서두에 중심 주제나 화자의 의도를 간단히 예고하거나, 핵심 내용을 간결하게 반복하여 강조하는 방식이 효과적입니다. 또 표현의 명료성을 높이기 위해 불필요한 수식이나 감정적 표현을 줄이고, 구체적인 단어 선택을 통해 의미를 명확히 전달하는 것도 좋은 방법입니다. 특히 공적 대화나 발표 상황에서는 결론을 앞에서 밝히고 자세한 설명을 덧붙이는 두괄식 전개 방식을 선택하는 것도 의사 전달의 효율성을 높이는 전략이 될 수 있습니다.

• 金立鑫(2015), 《언어유형론이란 무엇인가》, 한국문화사.

한국어는 깊이 있는 대화와 정서적인 공감을 가능하게 하는 언어라고 할 수 있습니다.

"우리, 우리 집으로 가자."

우리가 남이니?

학교에서 학술 답사를 갈 때였습니다. 기차가 어느 들판을 달릴 때, 그곳이 고향이었던 한 학생이 창밖을 가리키며 말했습니다.

"저기가 우리 집이야!"

그 학생이 가리킨 곳에는 집이 있기는 했습니다. 그런데 빠른 속도로 달리는 기차에서 무엇을 보기는 힘들었습니다. 기차가 서 있어도 '우리'는 그 친구의 집을 찾지 못했을 것입니다. 매의 눈이 아니고서야 들판 끝에 있는 집을 구분하기란 쉽지 않았을 테니까요. 그런데 이때 옆에 있던 외국인 학생이 묻습니다.

"선생님, 우리가 저 학생이랑 같이 사는 것도 아닌데

왜 '우리 집'이라고 하지요? '나의 집'이라고 해야 맞지 않아요?"

한국 사람들에게 자연스러운 '우리 집'이란 표현이 외국인에게는 낯설게 느껴졌던 모양입니다. 왜냐하면 한국어 [우리]는 영어의 [we], [our], [us]처럼 두 사람 이상, 즉 말하는 사람과 다른 사람을 함께 묶어서 표현할 때 사용하기 때문입니다. 그러니까 영어로 'our house(우리 집)'는 말하는 사람과 듣는 사람이 실제로 함께 사는 경우에만 자연스럽지, 그렇지 않으면 'my house(나의 집)'라고 해야 맞습니다. 이렇게 생각해보니 외국인에게 '우리 엄마', '우리 아기', '우리 신랑', '우리 동네'는 모두 이상하게 들릴 것 같습니다. 특히 '우리 아내'라는 말은 일부일처제인 한국 사회에서 정말 이상한 말일 듯합니다.

한국어 [우리]는 외국인을 당황하게 하는 어휘로 유명합니다. 앞의 사례처럼 개인 소유나 개별성을 나타내는 말에도 복수 표현인 [우리]를 사용하기 때문입니다. 사실 한국어 [우리]도 영어 [we]처럼 나와 다른 사람을 칭하는 1인칭 복수 대명사입니다. 사전에는 '①말하는 사람과 듣는 사람을 포함한 여럿을 가리킬 때와 ②듣는 사람을 제외하고 말하는 사람과 다른 사람들을 가리킬 때 [우리]를 사용한다'라고 하였습니다. 이들은 모두 다수, 즉 복수성을 가지고 있습니다.

① 우리 커피 마시러 갈까?

(Shall we go get some coffee?)

② 우리 커피 마시러 간다.

(We are going to get some coffee.)

①은 듣는 사람과 말하는 사람을 함께 지칭하는 [우리]를, ②는 듣는 사람은 빼고, 말하는 사람과 다른

영어의 [we]는 말하는 사람과 듣는 사람을 모두 포함하는 경우가 일반적입니다. 따라서 ②의 경우 듣는 사람은 '나도 같이 커피 마시러 가자는 건가?' 하고 오해할 수 있습니다. [we]가 듣는 사람을 포함하기 때문에 '우리가 커피를 마시러 가는데, 너도 갈래?'라는 의미로 받아들인다는 것입니다. 그래서 듣는 사람은 빼고 커피를 마시러 갈 경우, 추가 설명을 해주어야 한답니다.

하지만 한국어 [우리]는 듣는 사람을 배제하는 경우도 잦기 때문에 추가 설명 없이도 자연스럽게 받아들여진답니다.

사람을 칭하며 [우리]를 사용합니다. 그런데 한국어 [우리]는 추가 의미가 더 있습니다. 바로 ③개인 소유나 개별적 관계를 표현할 때도 [우리]를 사용하는 것입니다. 단수성을 가진 대상, 즉 '내' 또는 '나의'를 써야 할 자리에 [우리]를 사용하는 것이죠. 주로 말하는 사람과 친밀한 관계를 형성하는 존재(사람, 동물 등)나 장소를 말할 때 활용된답니다.

③ 우리 남편은 꽃을 잘 사줘요.

[남편]에게는 한 명의 부인이 있습니다. 그래서 '우리 남편'이라는 표현은 자칫 남편을 함께 공유한다는 의미로 오해를 살 수 있습니다. 정확하게는 '나의 남편'이라고 해야 합니다. 그럼에도 불구하고 한국 사람들은 왜 '우리 남편'이라고 하는 걸까요?

한국어 [우리]는 소유의 개념만을 전달하지 않습니다. '우리 남편'이란 표현은 정서적 거리감이나 소속감을 드러내는 방식임을 이해해야 합니다. 개별 존재인 남편을 '우리 남편'이라고 하면 자신이 남편과 정서적으로 친밀하고 좋은 관계를 유지한다는 것을 전달할 수 있습니다. 또 [남편]은 가족 집단 내에서 아들이나 아버지, 아빠로 관계를 맺기 때문에 이를 고려한 표현 방식이기도 합니다. '우리 집', '우리 학교' 역시 여러 사람과 관계를 맺는 공동체적 공간입니다. 그래서 한국 사람들은 '나의 집', '나의 학교'보다 '우리 집', '우리 학교'라고 말하는 것을 자연스럽다고 생각합니다.

나아가 한국어 [우리]는 공동 소유나 소속감을 바탕으로 한 정서적 유대를 담기도 합니다. 그러니까 [우리]는 사람이나 장소뿐 아니라 '우리 노래', '우리 음식'처럼 문화적 자산이나 정체성을 표현할 때도 사용합니다. 이는 한국 사회의 집단주의적 문화와도 관련이 있습니다. 이처럼 [우리]는 단순한 1인칭 복수 대명사를 넘어, 정서적 연대감과 소속감, 그리고 정체성을 나타내는 상징적인 표현이라 할 수 있습니다.

한국은 [우리]라는 끈으로 연결된 사회입니다.
한국인들은 개인으로 존재한다기보다 내가 곧 공동체를
대표한다고 생각합니다. 이것이 집단주의적 사고의
한 유형이라고 할 수 있습니다. 그래서 행동을 할 때도
공동체에 피해가 가지 않도록 외부 집단이나 타인을
의식합니다.

④ 그러면 남들이 우리를 어떻게 보겠니?

④는 자신의 행동을 돌아보게 할 때 사용하는
말입니다. 이때 [남]은 [우리]의 반대 의미로
사용됩니다. 여기서 [남]은 공동체 밖에서 우리를
바라보는 타인의 시선을 뜻합니다. [남]은 '눔'이라는
옛 한국어에서 유래한 말입니다. 이후 '눔'은 [놈]과
[남]으로 나뉘어 현재에 이르게 됩니다.

천소영(2011)《한국어의 문화 전통》, 대원사.

원래 '놈(者)'은 타인을 뜻하는 어휘였습니다.
그런데 현대에 오면서 [놈]은 남자를 낮잡아 부르는
말로, [남]은 타인을 의미하는 말로 정착했습니다.

[남]도 단순히 타인을 지칭하는 어휘 이상의 의미를 지닙니다. [남]은 나와 일정한 거리나 경계를 둔 존재를 나타냅니다. 이러한 언어 표현은 나와 다른 삶의 영역에 속한 사람, 쉽게 넘나들 수 없는 선 너머의 사람으로 그려집니다. 그래서 [남]은 거리감과 경계 짓기를 내포하고 있으며, 이는 곧 [우리]와 대조를 통해 분명히 드러납니다. [우리]가 공동체의 울타리 안에 있는 친밀하고 연대감을 느끼는 존재라면, [남]은 그 밖에 있는 낯선 존재, 또는 경계해야 할 타인이 됩니다. [남]과 [우리]를 나누는 이 언어적 구분은 한국인의 관계 중심적 사고방식을 반영합니다. 그리고 사회적 태도와 행동에도 영향을 미치게 됩니다.

외국인의 시선에서는 [남]도 혼란스럽고 낯선 개념입니다. 영어의 [others] 또는 [stranger]와 어느 정도 유사해 보이지만, 단순히 모르는 사람을 뜻하는 것이 아니기 때문입니다. [남]은 [우리]가 아닌 사람, 즉 공동체 바깥에 있는 사람으로 규정되는 경우가 많습니다. 그래서 '남의 일에 참견하지 마', '남의 말에

휘둘리지 마라', '남의 말 귀담아듣지 마라' 등의 표현은
단지 외부인을 의식하라는 뜻을 넘어, 나와 정서적으로
분리된 존재로서의 [남]에 대한 거리감과 긴장을
전제하고 있습니다.

⑤ 우리가 남이니?

짧은 이 문장은 그만큼 강한 정서적 울림이
있습니다. 이는 [남]과 [우리]의 경계를 허물자는
호소이자, 공동체적 유대의 재확인인 셈입니다.
[우리]는 서로 외면하거나 책임을 회피해서는 안
된다는 기대와 요구가 담겨있기도 합니다. 이러한
언어적 구분은 가족, 학교, 지역 사회, 직장 등 다양한
인간관계 속에서 반복적으로 작동하며, 한국 사회만의
독특한 관계를 형성합니다. 어느 모임에서든 처음에는
[남]이지만, 일정 시간이 지나면 [우리]로 받아들여지고,
그러면서 관계의 양상이 달라집니다. 이제 관심도,
정서적 기대도, 책임감도 달라지기 때문입니다.
[우리]와 [남]의 구분은 단순한 언어 습관이 아니라,
누가 [우리]이고 누가 [남]인지에 따라 신뢰, 책임, 배려,

관심의 정도가 달라지는 사회적 기준이 됩니다. 이 기준은 가족과 지역, 학교, 회사 등 다양한 인간관계 속에서 반복적으로 작동하며, 한국 사회의 독특한 관계 맥락을 형성해갑니다.

이처럼 한국어 [우리]와 [남]은 단순한 지시어가 아니라, 관계의 경계와 정체성을 가르는 핵심 언어입니다. [우리]는 포용과 소속의 언어이며, [남]은 경계와 긴장의 언어입니다. 이 구분은 일상적인 말 한마디에도 깊숙이 스며들어 있으며, 사람들 사이의 심리적 거리와 사회적 태도를 조율합니다. 외국인에게는 이러한 표현들이 낯설고 복잡하게 느껴질 수 있지만, 이를 이해하는 것은 곧 한국인의 관계 맥락과 문화적 감수성을 이해하는 길이기도 합니다. 결국 한국어는 단지 말을 주고받는 도구가 아니라, 사람과 사람 사이의 위치와 거리를 섬세하게 조절하며, 공동체 속에서 함께 살아가는 방식을 언어 속에 녹여낸 문화의 그릇이라 할 수 있습니다.

더 알아보기 14

한국어에서 사람이나 사물의 이름을 대신하여 나타내는 말을 [대명사]라고 합니다. 특히 사람을 대신하는 말을 '인칭 대명사'라고 하지요. 한국어의 '1인칭 대명사'로는 [나], [우리], [저], [저희]가 있습니다.

① <u>나</u>는 나중에 가면 어떨까?
② <u>저</u>는 나중에 가면 어떨까요?

[나]는 자기 자신을 이를 때 사용하는 대명사입니다. 보통 자신과 동등한 위치나 자신보다 어린 사람에게 말할 때 씁니다. [나]에는 공손함의 의미가 없습니다. 하지만 [저]는 공손함이 담긴 표현입니다. 이때의 공손함은 자신을 낮추어 상대를 높이는 방식으로, 윗사람이나 지위가 높은 사람에게 자신을 겸손하게 나타낼 때 사용합니다. 또 공적인 상황에서 자신을 지칭하거나, 친밀하지 않은 사람과 대화할 때도 [저]를 씁니다.

한편 [우리]와 [저희]는 [나]와 [저]의 복수형입니다. 자신을 포함한 다수의 사람을 말할 때 사용합니다. 그런데 높임 표현을 쓸 때 [우리]와 [저희]는 조금 다른 조건을 필요로 합니다.

③ 선생님, <u>우리</u>가 나중에 가면 어떨까요?
④ 선생님, <u>저희</u>가 나중에 가면 어떨까요?

③은 선생님을 포함한 나, 혹은 다른 사람들을 모두 지칭하

는 경우이지만, ④는 선생님을 제외한 나와 다른 사람들을 말합니다. ③은 높임의 대상인 '선생님'이 포함되어 있기 때문에 여전히 [우리]를 사용하지만, '선생님'이 포함되지 않은 ④는 나와 다른 사람들을 [저희]라고 지칭하여 선생님을 높여줍니다. 즉, 복수 상황에서 1인칭 대명사를 활용할 때는 청자를 포함할 경우 [우리]라고 하고, 청자를 배제할 때는 [저희]라고 한답니다.

그리고 [저희]는 '3인칭 대명사로'도 쓰인답니다. 이때는 앞에서 이미 말했거나, 거론된 적이 있는 사람을 다시 가리키는 용도로 활용됩니다. ⑤는 [저희]라는 표현을 사용하지만 이때는 말하는 사람을 포함하지 않은 '그들'의 의미로 사용된 예입니다.

⑤ 아들 내외가 또 사정을 하러 집에 찾아왔지만 저희가 아무리 뭐라고 해도 내 마음은 바뀌지 않을 것이다.

그런데 한국어 [우리]는 추가 의미가 더 있습니다. 바로 ③개인 소유나 개별적 관계를 표현할 때도 [우리]를 사용하는 것입니다.

"무궁화꽃이 피었습니다?"

자, 게임을 시작해볼까?

얼마 전 팝가수 브루노 마스(Bruno Mars)와 로제(ROSÉ)의 《아파트(APT)》라는 노래가 세계적으로 유행했습니다. 이 노래는 한국의 술자리 게임에서 영감을 받아 만든 곡이랍니다. '브루노 마스'는 한국 사람들이 술을 마실 때 하던 '아파트(APT) 게임'에 매료되어 이것을 소재로 노래를 만들었는데 글로벌 히트가 된 것이지요. 술자리의 분위기를 돋우기 위해 놀이를 하다니, 한국 사람들은 한마디로 놀 줄 아는 사람들입니다. 여기서 '논다'는 말은 아무것도 하지 않고 가만히 있는 것이 아니라, 즐거움과 흥겨움을 위해 자발적이고 적극적으로 하는 어떤 '활동'을 말합니다.

게임이 한국어로 [놀이]입니다. [놀다]에서 온 말이지요. 그리고 옛날 사람들이 하던 놀이를 '전통 놀이', '민속놀이'라고 합니다. 한국의 '전통 놀이'하면 드라마 《오징어 게임》의 '무궁화꽃이 피었습니다'가 떠오릅니다. 드라마에서는 극적 긴장감을 위해 생존 경쟁의 수단처럼 표현되지만, 사실 '무궁화꽃이 피었습니다'는 아이들이 즐겨 하던 놀이랍니다. 드라마 방영 이후 '무궁화꽃이 피었습니다'는 밈(meme)이나 챌린지로 확산되어 게임을 따라하는 영상이 온라인에 폭발적으로 증가하기도 했지요. 덕분에 한국의 전통 놀이가 해외에 알려지는 계기가 되기도 했습니다.

아이나 어른이나 한국 사람들은 '놀이'를 좋아합니다. 가난과 전쟁으로 힘든 삶을 살면서도 짬짬이 시간을 내어 놀이를 즐겼습니다. 한국인이 가진 유쾌함과 낙천성은 바로 이 놀이를 즐기는 문화에서 비롯되었다고 할 수 있습니다. 이벤트성 축제가 많은 외국에 비해 한국은 일상에서 어울려서 노는 문화가 있습니다. 한국의 전통 놀이는 1인에서부터 집단 놀이까지 실로 다양합니다. 《오징어 게임》에 등장한 [줄다리기]는 집단 활동 놀이이고, [딱지치기]나

[공기놀이], [제기차기], [비석치기] 등은 개인 활동 놀이랍니다.

    한국의 전통 놀이는 남녀노소에 따라 종류와 양식도 다양합니다. 남자아이들은 [자치기], [제기차기], [딱지치기], [돌치기], [말뚝박기], [연날리기], [쥐불놀이], [고누], [땅따먹기] 등을 즐겼습니다. 여자아이들은 [그네뛰기], [널뛰기], [공기놀이], [콩주머니던지기], [고무줄놀이], [숨바꼭질] 등을 했습니다. 명칭에서도 알 수 있듯이 남자아이들은 [치기]와 [차기]를, 여자아이들은 [뛰기]와 [놀이]를 즐겼습니다. 가만히 살펴보면 남자아이들은 팔 근육과 다리 근육이 움직이는 동적 활동을, 여자아이들은 뛰기와 같은 전신 활동이나 손을 움직이는 놀이 중심이라는 사실을 알 수 있습니다.

천소영(2007), 《우리말의 문화찾기》, 한국문화사.

    [놀이]는 옛날 아이들의 신체 발달과 사회성 형성에 중요한 역할을 했습니다. 한국은 오랜 시간 유교적 가치관을 따르며 남녀의 성 역할에 대한 구분을 명확히 했습니다. 남자아이들은 활발하고 경쟁적인 활동을

통해 용기, 힘, 협동심을 기르는 데 관심을 가졌고, 여자아이들은 섬세한 손놀림이나 몸짓으로 하는 놀이를 즐겼습니다. 이를 통해 여자아이들은 정서적 교감과 공동체 의식을 배웠습니다. 성별에 따른 놀이의 구분은 취향의 차이라기보다는 당시 사회가 요구하던 역할과 기대를 자연스럽게 익히도록 하는 문화적 장치였습니다. 놀이를 통해 아이들은 자연스럽게 남성과 여성으로서의 정체성과 역할을 내면화하고, 어른이 되어 사회에 적응할 수 있도록 하였습니다.

한편 어른들이 무슨 놀이를 할까 싶지만, 옛날에는 어른들도 놀이를 즐겼답니다. 명절이나 세시풍속에 따라 [씨름], [줄다리기], [연날리기], [투호], [활쏘기], [윷놀이] 등을 즐겼습니다. [장기], [바둑]은 남자들이, [그네뛰기], [널뛰기], [강강술래], [길쌈놀이]는 여자들이 했답니다. [길쌈놀이]는 옷감을 짜는 공동의 작업을 율동화하고 흥겨운 노래를 더하여 즐기던 놀이입니다. 어른들의 놀이는 대부분 여럿이 모여 함께 하는 활동이 많습니다. 일을 할 때나, 놀이를 할 때나 집단으로 하는 문화가 있었기 때문입니다. 즉 한국 사람들은 여럿이 모여 함께 노는 문화를 즐겼습니다.

놀이를 위해 많은 준비를 할 필요도 없습니다. 복잡한 규칙이 있는 것도 아닙니다. 손뼉을 치거나 발을 구르는 등 몸을 가볍게 움직이며 하는 놀이가 대부분입니다. 놀이에 도구가 사용된다고 해도 특별할 것이 없습니다. 주변에서 쉽게 구할 수 있는 돌이나 나무, 농경문화에서 나오는 부산물이면 충분했습니다. 이 때문에 삶 속에서 자연스럽게 놀이를 즐기는 문화가 형성되었는지도 모릅니다.

한국의 [놀이]는 [노래]와 연결됩니다. [노래]라는 말도 '놀다'에서 비롯된 것입니다. [강강술래]는 함께 노래를 부르며 빙빙 도는 놀이이고, [길쌈놀이]도 노래를 부르며 춤을 추는 놀이입니다. 노래가 필수는 아니더라도 후렴구처럼 구호를 반복하는 놀이도 있습니다. 윷놀이에서 좋은 패를 던지거나 활쏘기에서 명중을 하면 '지화자'라는 특이한 곡조를 네 번 부르는 것 등이 좋은 예입니다. 《아파트(APT)》라는 노래의 배경이 된 '아파트 게임'도 '아파트! 아파트!'라는 구호를 함께 외치는 것이 규칙이랍니다. 또 노래가 없는 놀이도 노는 도중에 흥이 나면 자유롭게 노래를 불렀답니다. 한국 사람들은 놀 때만 노래를 부른 것이 아닙니다. 힘든 일을 할 때도 노래를 불러 고된 노동의 힘겨움을 이겨냈습니다. 심지어 공연 중에도 환호와 같은 호응을 통해 가수와 관객이 하나로 어우러지는 무대를 만들기도 한답니다. 대표적인 것이 [판소리]입니다.

　　[판소리]는 한국 전통의 노래 공연으로, 노래와 몸짓으로 이야기(서사)를 전달합니다. 노래하는 사람인 '소리꾼'과 북으로 장단을 맞추는 '고수'가 팀을 이루어 하는 공연입니다. 비교하자면 서양의 오페라와 비슷하지만, [판소리]는 오페라처럼 거창한 무대나 많은 출연진을 필요로 하지 않습니다. 무대가 꼭 있어야만 하는 것도 아니라서 마을 어귀, 어느 집의 마당, 시원한 나무 그늘에서도 펼쳐진답니다. 그리고 [판소리]는 소리꾼만의 공연이라기보다 관객의 [추임새]와 호응이 더해져 풍성해진다는 특징이 있습니다.

[추임새]는 '얼씨구', '좋다', '그렇지'와 같은 관객의 호응을 말합니다. [추임새]는 '춤을 추다'의 [추다]에서 출발한 말로, '추(어)+주다'에 말의 매김꼴인 '~새'가 합쳐져 만들어진 어휘로 추정됩니다.

정경조, 정수현(2022), 《말맛으로 보는 한국인의 문화》, J&J Culture.

그러니까 소리꾼의 노래에 말로 춤을 추어주는 것이 [추임새]인 것입니다. [추임새]는 소리꾼의 노래나 고수의 장단을 역동적으로 만들어준답니다. 관객의 [추임새]에 따라 노래나 장단이 강화되기도 하거든요. 다시 말해 [추임새]는 관객이 말로 해주는 반주라고 할 수 있습니다. 이처럼 전문 소리꾼이 아니더라도 장단을 맞추고 공감하며 노래를 부르는 문화는 한국인이 기본적으로 장착하고 있는 '놀이 유전자' 때문은 아닐까 싶습니다.

소리꾼의 이야기에 관객이 보이는 [추임새]와 같은 반응은 '공감'과도 연결이 됩니다. 공연자와 관객이 함께 호흡하는 상호작용은 단순한 공연 관람을 넘어,

모두가 공연의 일부가 되는 경험을 만들어냅니다.
그래서 판소리의 [추임새]는 단순한 감탄사나 장식이
아니라, 참여한 모든 사람이 감정을 나누고 공감하는
소통의 언어라고 할 수 있습니다. 이는 놀이를 통해
이어지는 한국 사람들의 정서적 유대의 예이기도
합니다.

〈혹부리 영감〉이라는 한국의 옛이야기에는
노래를 잘하는 할아버지가 주인공으로 등장합니다.
어느 날 산속에서 길을 잃은 할아버지는 외딴곳에서
홀로 밤을 보내게 됩니다. 할아버지는 무서움을
잊고자 노래를 불렀습니다. 그런데 마침 이 소리를
듣던 도깨비가 나타나 할아버지의 노래 실력이 과연
어디에서 나오는 것인지 묻습니다. 두렵기도 하고
당황스러웠던 할아버지는 대충 얼굴에 있는 혹이 '노래
주머니'라고 말해버립니다. 그 말을 들은 도깨비는 냉큼
할아버지의 혹을 떼어 자기 얼굴에 붙이고 신나했다는
이야기입니다. 도깨비도 노래를 잘하고 싶었던
모양입니다. 덕분에 할아버지는 고민하던 얼굴의 혹을

떴답니다.

한국 사람들은 즐거울 때만 노래를 부르는 게 아닙니다. 무서워서도 부르고, 심심해도 부르고, 외로워도 부르고, 슬퍼도 노래를 부릅니다. 그래서 한국 사람의 몸에는 놀이 유전자, 노래 유전자가 있는지도 모른다고 했던 것입니다.

한국에는 '노래방'이라고 하여 노래를 부르는 공간이 있습니다. 친구들과 함께 노래를 부르고 친밀감을 쌓으며 스트레스를 해소하는 곳입니다. 살면서 겪는 스트레스를 노래를 부르며 푸는 것이지요. 게다가 노래방 기기에는 노래에 대한 점수도 나오고, 시끄럽게 노래를 부르고 춤을 추는 것이 허용된 곳입니다. 마치 노래하고 춤추며 놀이를 즐기던 옛 모습이 현대를 사는 우리에게도 이어지고 있는 것 같습니다. 시대가 변했지만, 한국 사람들은 여전히 노래를 통해 삶의 고단함을 위로받고 있는지도 모릅니다.

더 알아보기 15

2012년 한 방송사의 퀴즈쇼에서는 다음과 같은 문제가 출제되었습니다.

Q. 다음 중 먼저 등장한 것부터 순서대로 나열하시오.
① 비디오방 ② 노래방 ③ PC방 ④ 찜질방

정답은 노래방 〉 비디오방 〉 PC방 〉 찜질방 순이었습니다. 이 문제는 한국에만 있는 독특한 '방(房)문화'에 대한 이해를 묻는 것이었습니다. 한국에서 '○○방'은 공간의 개념을 넘어, 특정한 목적과 문화를 담은 정서적 공간으로 발전하고 있습니다.

[노래방]은 노래를 부를 수 있는 공간을 말하는데, 일본의 [가라오케(カラオケ)]로부터 시작된 것입니다. [가라오케]는 가짜를 의미하는 일본어 '가라(空, から)'와 '오케스트라(オーケストラ)'를 합쳐서 만든 일본식 조어입니다. 일본의 [가라오케]는 노래 없이 반주만 나오는 장치를 말합니다. 단순한 기계 장비였던 [가라오케]가 한국에 들어오면서 [방]이라는 독립적인 공간에 설치되었고, 이것이 [노래방]이 됩니다. [노래방]은 여럿이 함께 모여 자유롭게 노래를 부르고 즐길 수 있는 사적이면서도 사회적인 문화 공간이랍니다.

[방(房)]이라는 말은 원래 주거공간을 가리키는 말로, 오랜 시간 한국인의 삶과 함께해온 일상 어휘입니다. 전통 가옥에서

는 [안방], [건넌방], [사랑방]처럼 가족 구성원과 공간의 기능에 따라 다양한 명칭이 있었고, 현대에 들어서는 [작은방], [큰방], [주방], [다락방], [공부방]처럼 목적과 용도에 따라 다양하게 분화됩니다. 이러한 변화 속에서 [방]이라는 어휘는 주거공간을 넘어서, 마침내 여가나 문화 소비를 할 수 있는 공간으로 확장됩니다. 그 대표적인 사례가 바로 [노래방]입니다. 주거공간을 지칭하던 [방]은 사회 변화에 발맞춰 의미확장이 이루어졌고, [PC방], [찜질방], [만화방] 등 다양한 공간을 지칭하는 말로 이어져 한국만의 독특한 '방문화'를 형성합니다. 최근에는 [스터디방], [보드게임방], [인형뽑기방], [골프방] 등으로 그 범위가 더욱 넓어지고 있습니다.

[방]은 물리적 공간이기도 하지만, 외부의 시선에서 벗어나 편안하게 쉴 수 있는 사적인 장소이기도 합니다. 문을 닫고 안으로 들어가는 구조는 타인의 간섭 없이 자유롭게 감정을 표현하거나 집중하거나 휴식할 수 있는 공간이 됩니다. 한국 사회에서 [방]은 그저 공간으로서 [room]이 아니라, '나만의 세계', '편안한 쉼터', '안락한 휴식처' 등으로 여겨지며, 그 안에서의 활동이 자연스럽고 안전하게 느껴지도록 돕습니다.

따라서 다양한 목적의 공간에 '○○방'이라는 이름이 붙는 것은 그 기능을 사적이고 친근한 형태로 담아내기 위한 언어적 선택입니다. 노래를 부를 때도, 게임을 할 때도, 공부를 할 때도, 단지 그 활동이 아니라 그 활동이 이루어지는 환경이 아늑하고 익숙한 [방]이기를 바라는 마음에서 선택된 것이랍니다.

따라서 [방]이라는 말은 단순한 장소의 명칭을 넘어 심리적 안정과 문화적 친숙함을 담아내는 상징적 표현이 됩니다. 결국 '○○방'은 기능적 구분을 넘어서, 공간을 대하는 한국인의 태도와 삶의 방식을 잘 보여주는 언어적 산물이라 할 수 있습니다.

이처럼 전문 소리꾼이 아니더라도 장단을 맞추고 공감하며 노래를 부르는 문화는 한국인이 기본적으로 장착하고 있는 '놀이 유전자' 때문은 아닐까 싶습니다.

"그래서 흥부의 흥이 흥이로구나!"

흥이 많은 남자, 그 이름은 흥부

 테레나는 호주에서 온 교환 학생입니다. 쓰던 노트북을 한국에 가져왔는데 오자마자 그만 고장이 납니다. 서둘러 노트북을 수리에 맡기고, 부랴부랴 강의 자료를 호주에서 메일로 받아둡니다. 그런데 이틀 뒤 노트북 수리가 끝났다는 연락을 받고 깜짝 놀랍니다. 한국 사람들이 부지런하다는 말은 들었지만, 사회 시스템마저 부지런할 줄은 몰랐다고 말합니다.

 한국은 인터넷 속도나 스마트폰 보급률, 디지털 인프라 등에서 세계 최고를 자랑합니다. 패션이나 음악, 유행어와 같은 문화 요소의 전파도 빠르고, 새로운 것을 수용하고 적응하는 태도도 유연합니다. 외국인들은 이러한 한국 사람들에게 '에너지, 활기, 역동성'을 느낍니다.

《한국인의 문화유전자》라는 책에는 한국 사람들의
한국학진흥원(2012), 《한국인의 문화유전자》, 서울:아모르문디.
정서에 흐르는 열 가지 특징을 '흥, 역동성, 해학,
공동체, 어울림, 정, 자연스러움, 곰삭음, 끈기, 예의'로
제시합니다. 이 가운데 '역동성', '흥', '어울림'은
오늘날 한국 사회의 활기찬 분위기와 집단적 에너지를
설명하는 핵심 키워드가 됩니다.

한국어 [흥]은 세쌍둥이 같은 말입니다. 글자는
하나이지만 세 가지의 뜻을 지니고 있습니다.

① 흥「부사」: 코를 세게 풀거나 콧김을 부는 소리
　　　　• 흥 소리가 나게 코를 풀어봐.
② 흥「감탄사」: ㉠신이 나거나 감탄할 때 내는 콧소리
　　　　• "흥~"하는 콧노래가 나왔다.
　　　　㉡비웃거나 아니꼬울 때 내는 콧소리
　　　　• 흥! 알긴 뭘 알아?
③ 흥(興)「명사」: 재미나 즐거움이 일어나는 감정
　　　　• 노래로 흥을 돋우었다.

①과 ②는 '소리'를 나타내는 말이지만 ③은 '감정'을 의미합니다. 그런데 ②의 ㉠과 ③은 서로 통하는 말입니다. 신이 나는 감정도 [흥(興)]이고, 신이 나서 내는 소리도 [흥]이기 때문입니다. 여기서 ③은 한자말로 '오르다'의 의미인 '승(昇)'과 '함께', '다 같이'의 의미인 '동(同)'이 합쳐져 만들어진 것입니다. '일어나다', '일으키다'라는 뜻을 나타냅니다. 감정을 의미하는 [흥(興)]은 발산과 퍼짐, 상승의 긍정적 에너지를 말합니다. 그리고 그 에너지가 소리로 발산된 것이 ②'흥~'입니다. 축제나 응원 문화, K-pop 공연, 노래방 문화 등에 나타나는 한국 사람들의 열정과 참여 의식에는 바로 이러한 ③[흥]의 정서가 깊이 자리하고 있습니다. 그래서 [흥]은 단순한 감정 표현을 넘어, 한국인의 삶과 문화 전반에 흐르는 정서의 동력이자 집단 에너지의 원천이라고 할 수 있습니다.

보통 [흥]은 [신나다]라는 말과 같은 것으로 이해됩니다. 그런데 [신나다]는 어떤 일에 흥미나 열정이 생겨 기분이 좋아지는 것을 뜻하지만, [흥]은

그것을 느끼는 '주체의 활기찬 기운과 정서'를
말합니다. 또 [흥]은 여럿이 함께 즐기며 공감대가
형성될 때 배가 되며, 음악, 춤 등을 통해 촉발되는
경우가 많습니다. 실례로 〈2002년 월드컵〉 당시,
'붉은 악마'의 응원은 한국 사람들을 '흥'의 열기로
물들입니다. 거리마다 울려 퍼진 응원가와 북소리,
하나 되어 물결치는 사람들은 노래하고 춤을 추며 함께
축구를 즐겼습니다. 이처럼 [흥]은 '즉흥적, 낙천적,
집단적, 개방적 성격'을 가집니다.

  1700년 전, 중국 사람이 쓴 책에는 다음과 같은
내용이 있습니다. "한국 사람들은 5월만 되면 농사일을
끝내고 제사를 지낸다. 이때 많은 사람들이 떼를 지어
노래를 부르고 춤을 추는데, 밤낮으로 쉬지를 않았다.
사람들이 추는 춤은 손과 발을 서로 응하고 리듬을 타는
것이 마치 목탁을 가지고 추는 춤(탁무, 鐸舞) 같았다.
그리고 10월에 농사일이 끝나면 또 5월과 같은 놀이를
했다." 한국 사람들이 5월에 춤을 추었다면 그날은

> 이 내용은 280~289년 사이 중국 삼국시대 정사(正史)를 적은
> 《삼국지위서동이전(三國志魏書東夷傳)》에 실린 내용이다.

유진희(2015), 한국의 감성적 문화유전자 '정(情)'의 글로벌 수용 가능성에 대한 탐구, 《콘텐츠 문화》6, 문화예술콘텐츠학회, 11-58.

'단오'요, 10월이라면 '추석'을 말합니다. 아마 이때의 모습이 '2002년 월드컵' 같지 않았을까요? 외국인의 시선에 밤낮으로 쉬지 않고 춤을 추고 노래하는 한국 사람들의 모습이 신기했음이 분명합니다.

한편 [흥]은 [신명]과 같은 의미로도 여겨집니다. [신명]이 '흥겨운 멋이나 기분'을 뜻하기 때문에 [흥]과 비슷한 말 같습니다. 그런데 [흥]은 아주 오래전부터 사용되어 온 반면, [신명]은 20세기에 등장한 어휘로 '신내림', '신들림' 등과 관련이 있는 것으로 추정됩니다.

김혜진, 김종철(2015), 상호 문화적 능력 향상을 위한 한국의 '흥' 이해 교육 연구, 《한국언어문화학》12, 국제한국언어문화학회, 79-111.

결정적으로 [신명]은 사람에게만 한정적으로 쓰인다는 점에서 [흥]보다는 의미의 범주가 좁습니다. 이처럼 한국 사람들에게 즐거움과 기쁨의 감정을 말해주는 어휘는 다양하지만, 한국인의 정서를 가장 잘 표현하는 말은 [흥]이라고 할 수 있습니다.

　　천안삼거리 흥~ 능수나 버들은 흥~
　　제멋에 겨워서 휘늘어졌구나
　　에루화 좋다 흥~ 성화가 났구나 흥~

　　세상만사를 흥~ 생각을 하며는 흥~
　　인생의 부귀영화가 꿈이로구나 흥~
　　에루화 좋다 흥~ 성화가 났구나 흥~

《흥타령》이라는 노래의 일부입니다. '버들'이란 나무가 늘어지고 휘어진 모습을 보고 흥겹다며 노래하고 있습니다. 그런데 나무가 휘어지게 자란 것이 뭐 그리 흥이 날 일일까요? 그러고 보니 이 나무는 누구에게 보여주거나 자랑하기 위해 늘어지게 자란 것이 아닙니다. 자기 멋에, 자기가 하고 싶은 대로 자란 것입니다. 돈이 많고 지위가 높아 누리는 영광은 그저 꿈일 뿐, 세상의 모든 일은 자기가 하고 싶은 대로 하면서 사는 것이 기쁨이고 재미입니다.

그래서 보잘것없는 버드나무처럼 제멋에 사는 것을
노래하며 진짜 즐거움과 기쁨이 무엇인지 알겠다는 듯
흥겨워하고 있습니다.

한국 사람들의 [흥]은 거창한 이벤트로부터
비롯되는 것이 아닙니다. 그것은 삶을 긍정적으로
바라보는 태도에서 시작됩니다. 별것 아닌 작은 일도
즐거운 마음으로 받아들이며 느끼는 감정입니다.
농사일로 힘든 현실 속에서도 하루 일을 잘
마무리했다는 뿌듯함, 가을이면 반드시 좋은 결실을
맺으리라는 긍정의 믿음처럼, 어려움 속에서도
낙천적으로 살아가는 마음가짐이 바로 진정한 [흥]의
바탕입니다.

한국에는 《흥부와 놀부》라는 전래동화가 있습니다.
욕심 많은 형 [놀부]와 착한 동생 [흥부]가 등장합니다.
이야기는 선과 악이라는 대립 구도를 통해 선은
복을 받고 악은 벌을 받는다는 교훈을 전하지요.
세계에는 형제가 선과 악으로 대립하는 이야기가 많이

전해집니다. 그럼에도 불구하고 《흥부와 놀부》는 매우 한국적인 이야기라고 할 수 있습니다.

    가난한 흥부는 밥주걱으로 뺨을 맞고도 그 덕에 볼에 붙은 밥알을 먹을 수 있다며 다른 쪽 뺨도 때려달라는 긍정적 태도를 보입니다. 등장인물의 이름은 또 어떻고요? [흥부]는 지금 우리가 이야기하고 있는 그 [흥]에서 유래한 이름입니다. [놀부]는 또 어떻고요? 놀부는 [놀다]와 관련이 있습니다. 그런데 [흥부]의 이름은 어떻게 [흥]과 관련이 있는 걸까요? 그건 바로 이야기의 절정에 등장하는 '박 타는 장면'을 보면 알 수 있습니다. 가난으로 먹을 것이 없던 흥부는 잘 영근 박을 타서 죽이라고 끓여 먹자고 생각합니다. 허기가 져서 기운이 없지만 곧 먹을 것이 생긴다고 생각하니 기분이 좋아집니다. 그리고 아들과 톱질을 하며 노래를 부릅니다.

    에이여루, 톱질이로구나.
    실근 실근 실근 실근 실근 실근
    슥삭 시르렁 시르렁

실근 실근 삭삭 슥삭 당겨 주소.

얼씨구나 좋을씨고
이 박을 타서 박 속일랑 끓여 먹고
바가지는 팔어다 살아보자
얼씨구나 좋을씨고, 얼씨구나 좋구나.

박을 잘라봐야 쌀이 나오는 것도 아니건만 흥부는 신이 납니다. 판소리 공연을 보면 흥부의 박 타는 장면은 매우 흥겹고 극적으로 표현됩니다. 작은 일에도 기뻐하고 긍정적으로 바라보는 흥부는 이름처럼 [흥]이 가득합니다.

동생이 박을 타서 부자가 되었다는 소문에 형인 [놀부]도 동생처럼 박을 키웁니다. 그리고 드디어 박을 타는 날이 되어 톱질을 합니다. 그런데 박에서 나온 것은 욕심 많은 형을 괴롭히기 위한 남사당, 여사당, 초라니패, 각설이패들입니다. 박에서 나온 사당패는 "우리가 여기서 한 번 노는 데 천 냥이올시다"라며 한판 놀아보겠다고 합니다. 생각할 겨를도 없이 [놀부]는 놀이꾼들에게 휩쓸려 이리저리 어울리다가 재산을 모두 날립니다. 결국 이야기는 욕심 많은 [놀부]가 반성하고 동생과 화해하는 것으로 마무리됩니다.

이야기 속 [흥부]와 [놀부]가 공유하는 즐거움이 바로 [흥]의 집단성과 개방성을 나타냅니다. 주인공의 이름에서 이미 이 형제가 가진 정서가 담겨있습니다. 판소리로 된《흥부와 놀부》는 형제의 놀이마당을 극적으로 연출하면서 관객의 흥을 한껏 돋웁니다. [흥]이라는 정서는 이렇게 이야기 속에서도 한국 사람들의 삶을 증명합니다.

[흥]에는 자발성이 들어있습니다. 옛 성인의 말 중 '知之者 不如好之者, 好之者 不如樂之者'라는 말이 있습니다. 이는 '도를 아는 사람은 도를 좋아하는 사람만 못하고, 도를 좋아하는 사람은 도를 즐기는 사람만 못하다'라는 의미입니다. 여기서 '즐기는 사람'이란 단순히 재미를 추구하는 사람이 아닙니다. 스스로 의미를 발견하고 몰입하여 그 과정을 진심으로 받아들이는 사람을 말합니다. 이러한 자발적 태도와

몰입이 바로 한국의 [흥]의 본질이며, 그것이 개인의 삶뿐만 아니라 공동체의 에너지를 북돋우는 힘이 됩니다. 여러 가지로 힘든 터널을 지나온 요즘입니다. 이럴 때 우리에게 필요한 것은 바로 자발적으로 발현될 수 있는 즐거움을 찾는 일입니다. 이제 잠시 담아두었던 [흥]을 꺼내어 신나고 재미있게 살아봅시다.

더 알아보기 16

한국인의 [이름]은 보통 세 글자입니다. 나의 이름 중 [김]은 성(first name)이고, [순옥]은 이름(last name)입니다. 그런데 나는 아들의 이름을 한 글자로 지었습니다. 아들의 이름은 [김산]입니다.

아들이 유치원 다닐 때의 일입니다. 어느 날 유치원에서 받은 종이에 자신의 이름을 [김산이]라고 적어 가져왔습니다. 친구들이 "산이야~ 놀자~"하고 불렀기 때문에, 아들은 자신의 이름이 [산이]라고 생각하고 그렇게 쓴 것입니다. 또 친구들 대부분이 이름을 세 글자로 쓰고 있으니, 자신도 세 글자로 이름을 써야 한다고 생각했던 것 같습니다.

그런데 궁금한 것이 있습니다. '순옥이', '산이'와 같이 받침이 있는 말로 끝나는 이름에는 왜 '~이'가 붙는 걸까요? 한국어의 '~이/가'는 주어를 나타내는 조사인데, '순옥이', '산이'의 '~이'도 조사일까요?

① 산**이가** 놀이터에서 놉니다.
② 순옥**이가** 꽃을 좋아합니다.

①과 ②의 밑줄이 조사입니다. 그런데 같은 기능을 하는 조사를 두 번씩 쓰지 않기 때문에 이름에 붙는 '~이'는 조사가 아닙니다. [산이], [순옥이]와 같이 받침이 있는 이름에 붙는 '~이'의 명칭은 [접사]입니다. '접사'는 다른 말에 붙어서 새로운 말을 만드는 기능을 합니다. 가령 [사냥꾼]의 '~꾼'과 같이 혼자서

는 기능하지 못하지만 '사냥'과 결합하여 '사냥을 하는 사람'이라는 의미의 새말을 만든답니다.

대부분의 접사는 이처럼 새로운 단어를 만드는 역할을 하는데, 가끔은 '어조를 고르는 역할'을 하는 접사도 있답니다. '어조를 고른다'는 말은 자연스럽게 발음할 수 있도록 돕는다는 뜻입니다. 받침이 없는 이름인 [흥부]나 [놀부]에는 붙지 않지만, [춘향이], [향단이]와 같이 받침이 있는 이름에 붙어서 자연스럽게 발음하도록 돕습니다.

어조를 고르는 접사 '~이'는 편안한 말하기를 위한 것이기 때문에 꼭 붙여야 하는 건 아니랍니다. 그냥 "산아~ 놀자!" 해도 되고, "산이야~ 놀자!"라고 해도 된답니다. 다만 이름 뒤에 붙는 조사에 따라 어색하게 발음되는 경우에는 붙여주는 것이 좋습니다. 가령 '춘향을, 춘향만, 춘향밖에, 춘향도'라고 표현하는 것은 어법상 틀리지 않지만 자연스럽게 읽히지 않습니다. 대신 '춘향이를, 춘향이만, 춘향이밖에, 춘향이도'라고 하는 것이 보다 매끄럽습니다.

이름은 자신이 짓지 않습니다. 보통 부모와 같이 나를 돌보거나 가까이하는 사람이 지어줍니다. 이름은 평생 나를 대표하고 상징하는 말인데, 나는 그것을 만드는 데는 아무런 권한을 누리지 못합니다. 그래서 때론 이름이 마음에 들지 않기도 하지만 시간이 흐르면 점점 익숙해져, 결국 그 이름을 통해 자신을 설명하고 세상과 관계를 맺게 됩니다. 이름은 타인이 나를 부르는 방식이며, 내가 사회 속에서 자리를 잡는 출발점이기도 합니다. 우리는 그 이름 속에 나만의 의미와 이야기를 덧붙여 가며, 이름과 함께 자라납니다.

우리에게 필요한 것은 바로 자발적으로 발현될 수 있는 즐거움을 찾는 일입니다. 이제 잠시 담아두었던 [흥]을 꺼내어 신나고 재미있게 살아봅시다.

" 무심코 썼던 한국어의 진짜 의미 찾기 성공! "

이거, 나만 궁금해?

초판 1쇄 발행	2025년 8월 15일

지은이	김순옥
펴낸이	안소영
교정교열	김민채
편집/디자인	안소영
인쇄	주식회사 에이프린트

펴낸곳	아나로그아키펜 건축사사무소 독립출판
출판등록	제2022-000005호
주소	05248 서울시 강동구 올림픽로 663, 604호
이메일	anlog.anb@gmail.com
인스타그램	@analogarchipen.books

ISBN 979-11-993519-0-5 03700

이 책의 판권은 지은이와 아나로그아키펜 건축사사무소 독립출판에 있습니다.
이 책 내용의 전부 또는 일부를 재사용하려면 반드시 양측의 서면 동의를
받아야 합니다.